悪いヤツらは
何を考えているのか
ゼロからわかる犯罪心理学入門

桐生正幸

JN073943

SBビジュアル新書

■本文デザイン
bookwall

■本文組版・図版
株式会社システムタンク（野中賢）

悪いと思って行われる犯罪は存在しないのです。

永山則夫

連続ピストル射殺事件実行犯。1968 年、19 歳のときに米軍施設から盗んだ拳銃で 4 人を射殺。翌年 4 月に逮捕された。90 年、最高裁で死刑が確定し、97 年に執行。犯行当時未成年だった者の死刑判決は大きな話題となった。判決を下すにあたって裁判所が示した 9 項目の基準は「永山基準」と呼ばれ、現在でも死刑判決の判断基準となっている。

はじめに

　大学教員になる前の 21 年間、山形県科学捜査研究所で、心理学担当の研究員として働いていました。

　最初は、犯罪に関わった者しか知り得ない記憶情報の有無を調べる「ポリグラフ検査」に携わり、後半は「犯罪者プロファイリング」の研究と実践にも従事しました。

　山形県は犯罪の少ないところです。

　それでも毎日、何らかの事件が発生します。

　空き巣（侵入窃盗）、ストーカーなどはもとより、殺人、強盗、放火といった凶悪事件、さらには覚せい剤や大麻などの薬物事犯、公職選挙法違反などなど……。

　盆暮れも休祭日も関係なく、各地の警察署から要請があれば、事件発生時から駆けつけ、現場観察し、目撃者や被害者の話を聞き、容疑者が浮上した際には、面接・検査を繰り返していました。拘置所で容疑者の面接をしたことや、鑑定人として裁判所に出廷したこともあります。

　殺人事件の現場では、すべての感情を抑えつけ、事実だけを見る研究者に徹しました。子どもや女性が性的被害に遭った事件では、わきあがる加害者への憤りや、被害者が抱く恐怖心への共感を隠し続けました。

　大学教員になった今でも、講義中などに、そのときの状況が突然思い出され、言葉に詰まることがあります。

犯罪は、当事者や被害者、周辺の人たちに多大な負の影響を与えます。同様に、捜査や矯正に関わる者の心にも知らぬ間に傷を与えています。犯罪心理学とは、そのような痛みが伴う事象を冷静に科学的に扱う学問なのです。

　当時、働きながらわかったことが１つありました。
　それは、犯罪という稀な出来事は、間違いなく私たちの日常生活の中で起きているということ。
　そして、犯罪者は私たちと同じ生活空間を生きており、私たちが大なり小なり犯している過ちの延長上に犯罪があるということです。
　無論、犯罪といってもさまざまタイプがあり、同じようにくくることはできないでしょう。
　しかし、ほとんどの事件は、決して別世界の出来事ではなく、まぎれもなく私たちの社会の出来事です。
　そして、犯罪者もまた、私たちと同じ人間なのです。

　私たちは、世の中が不安な状態になると、得てして身勝手になります。自己保身の度合いが高まり、不安の原因を誰かのせいにしないと安心できなくなっていきます。
　結果的に誰かを傷つけ苦しめるような行為を、大なり小なり、知らぬ間に行ってしまう負の側面が、私たちの心の中にも存在しているといえます。
　犯罪心理学とは、私たち自身の心の闇にも切り込んでいく、痛みを伴う学問でもあるのです。

とはいえ、犯罪心理学で研究対象となるのは、現実の「犯罪者」です。法を犯し、人を傷つけ、ときにはその生命や尊厳さえも奪う彼らは、一体何を考えているのでしょうか？

　本書では、犯罪心理学がこれまで明らかにしてきた研究を中心に、その問いにアプローチしてみました。
　女性や子どもが巻き込まれる凶悪犯罪についても、具体的な対策を盛り込みながら、コンパクトにまとめました。
　「悪いヤツら」の心理と行動を読み解き、犯罪から身を守る一助として、本書がお役に立てばと願っています。

東洋大学教授
桐生正幸

犯罪史に残る　7人の猟奇的殺人犯

第3章　犯罪者はどのように追い詰められるのか

第4章　家庭内で起きる犯罪

第2部
犯罪の最前線と防犯マニュアル

第1部

犯罪心理学の扉を開く

犯罪行為と、その周辺にあるさまざまな問題を心理学的なアプローチで解き明かしていくのが「犯罪心理学」です。

ここでは、犯罪はどのように発生するのか、犯罪者は何を考えているのか、犯罪者はどのように追い詰められるのか（警察捜査の実際）、そして、家庭内で起きる犯罪とは？

……という4つの視点から解説していきます。

第 1 章

犯罪はなぜ起きるのか

そもそも"犯罪"とは何か？

犯罪は法律によって決められている

「犯罪心理学」について知る上で、最初に押さえておきたいことがあります。それは、犯罪とは何かということ。

犯罪とは、あらかじめ法律で違法であると定められている行為を指すと考えます（＝罪刑法定主義）。

極端にいえば、どんなにまわりに迷惑な行為でも、法律上違法とされていなければ、その行為は犯罪とはならないのです。

ただし、犯罪かどうかの線引きは、意外と難しいものです。

たとえば、ゴミのポイ捨て。公共の場所にゴミを捨てないというのはモラルの問題でしょう。しかし京都府亀岡市では、「ポイ捨て禁止条例」をつくり、違反者に5万円以下の過料を科しました。条例も法律ですから違反すれば犯罪になります。つまりポイ捨ても地域によっては犯罪になるということです。

最近では「ながらスマホ」が厳罰化され、事故を起こさなくても、運転中にスマホをいじっただけで懲役刑が科されるようになりました。

このように、取り締まりが強化されて、それまでは問題なかったのに、突然ある行為が違法になることもあります。

なお、善悪を合理的に判断する能力、また、その判断に従って行動できる能力、すなわち責任能力を欠いている場合は犯罪にはなりません。

"犯罪"の定義とは?

犯罪はすべて法律によって定められている。

罪刑法定主義

《憲法第31条》

何人も、法律の定める手続によらなければ、その生命若しくは自由を奪はれ、又はその他の刑罰を科せられない。

《憲法第39条》

何人も、実行の時に適法であつた行為又は既に無罪とされた行為については、刑事上の責任を問はれない。又、同一の犯罪について、重ねて刑事上の責任を問はれない。

法律で定められていない行為を権力者が勝手に「犯罪」にして国民を処罰することはできない。

犯罪が規定されている法律とは?

　先ほど、犯罪は法律によって規定されていると書きましたが、この点について掘り下げてみましょう。

　犯罪になるのはどんな行為か、その行為を行うことでどんな刑罰が科せられるかは、おもに「刑法」で規定されています。"おもに"と書いたのは、処罰について規定されているのは刑法だけではないからです。

　刑法以外で刑事罰を定めた法律は「特別刑法」と呼ばれ、代表的な例では、覚せい剤取締法や銃砲刀剣類所持等取締法（銃刀法）、売春防止法など。特別刑法は法律の名称を見ただけで犯罪の種類がわかるようになっています。

刑法犯は6種類に分けられる

　刑法上の罪を犯した人を「刑法犯」といい、大まかに次の3つに分類されます。

　① 他人の心身を傷つける／自由を奪う罪
　② 他人の財産を奪う罪
　③ 公共の秩序や国家の存立に関わる罪

　①は殺人や傷害、強盗、放火など。強制性交等などの性犯罪も該当します。②は窃盗や詐欺、汚職、さらに偽造や器物損壊など。③には、公務執行妨害や住居侵入などが分類されます。

　なお、警察庁の統計では、刑法犯を右のように6つに分類しています。

刑法犯　6つの分類

①凶悪犯
殺人、強盗、放火、強制性交等

②粗暴犯
暴行、傷害、脅迫、恐喝など

③窃盗犯
窃盗

④知能犯
詐欺、横領※、偽造、汚職など

※占有離脱物横領を除く。

⑤風俗犯
賭博、わいせつなど

⑥その他の刑法犯
公務執行妨害、住居侵入、逮捕監禁、器物損壊など

※分類は警察庁「警察白書」より。

犯罪は犯罪者だけでは成立しない

犯罪はなぜ起きるのか

「犯罪」にはさまざまな種類があり、それらはすべて法律で明確に規定されている。これが前項の内容でした。

ところで、次のような質問をされたら、みなさんはどのように答えるでしょうか。

犯罪は、なぜ起きるのか?

「"犯罪者" がいるからでしょ?」

「悪事を働く人間がいなければ、犯罪なんて起きませんよ」

確かにそうかもしれません。一見、説得力のある回答ですが、実は犯罪心理学ではちょっと違った見方をします。

犯罪は「犯罪者」だけでは成立しません。いくら「人を殺したい」という人がいても、被害者がどこにも存在しなければ犯罪は成立しないのです。

したがって、犯罪が成立する条件(犯罪構成要件という)を考えれば、犯罪被害者や犯罪対象物(人とは限らない)の存在は不可欠です。加害者が被害者と出会(合)うことが、犯罪発生の大前提なのです。

さて、ここで最初の問いに戻りましょう。

なぜ犯罪が起きるのか?

言い換えれば、どんな条件がそろえば犯罪が発生するのか?

この問題を解くためには、もう1つの要素が必要です。

「日常活動理論」とは？

マーカス・フェルソン

犯罪学者マーカス・フェルソンは、著書『Crime and Everyday Life』(『日常生活の犯罪学』守山正監訳　日本評論社) の中で、犯罪は加害者だけではなく他の複数の条件が重なって発生するとした。

犯罪＝（犯罪者＋対象－監視者）（場所＋時間）

女性が「深夜」に「繁華街」を歩けば、犯罪に遭遇するリスクは高くなる

過去の犯罪学では、犯罪が起きる要因を「人」に求めすぎていた。フェルソンは、それだけではなく、犯罪者も被害者も「時」と「場所」という2つの要素の影響を受ける、と主張。その理論は画期的なものだった。

それは、「第三者」の存在です。第三者とは監視者のこと。

　加害者が犯行を実行しようとしているとき、気づいている人がいれば、犯罪は抑止されます。

　目撃されていることがわかっていて悪事を働くというのは、よほど肝がすわった人でなければできません。「見られているからやめよう」と、断念する人のほうが多いでしょう。

　このように、犯罪心理学では、加害者・被害者以外の「第三者」も重要な研究テーマなのです。

犯罪は「日常」の中で起きる

　また、犯罪は「人的要因」だけでは十分に説明することができません。その犯罪はいつ起きたのか（時間）、どこで発生したのか（場所）も、重要なポイントになります。

　こうした要因をもとに1つの理論を提唱したのが、アメリカの犯罪学者マーカス・フェルソンです。

　フェルソンはローレンス・E・コーエンとともに、「日常活動理論（routine activity theory）」を提唱しました。

　この理論によれば、犯罪は「動機づけられた犯罪者」「適当な標的」「有能な監視者の欠如」がそろったときに発生すると考えられています。

　これらの要素が集まるのは、何も特別なシチュエーションではありません。

　犯罪は特殊な状況下ではなく、日常生活の中で起こり得る。

　これが日常活動理論の基本的な考え方なのです。

犯罪が起きるときの3つの"条件"とは？

①動機づけられた犯罪者

②有能な監視者の欠如

3つの条件が
特定の時間と場所にそろったときに、
犯罪が発生する可能性がある。

③適当な標的（店員の死角になっている売り場）

犯罪者の思考回路を探る

犯罪者が天秤にかける利益とリスク

「あんなマジメな人が、人を殺すなんて……」

事件が起きたときの報道で、知人や近所の人のコメントとしてよくこんな言葉が紹介されます。

犯罪は異常な人間が起こすものだと思われがちですが、そうとは限りません。実際には、身のまわりにいる「普通」の人が犯罪者になることだってあるのです。

1970年代後半、犯罪学者のデルク・コーニッシュとロナルド・クラークは、経済学から生まれた「合理的選択理論」を犯罪学に応用しました。この理論は、犯罪者は、犯罪を実行したときの利益や報酬と、失敗したときのリスクやコストを考慮した上で犯罪の場所や方法を合理的に決めるという理論です。

たとえば、侵入窃盗犯の場合は、報酬よりもリスクの重要性を大きく見積もります。したがって、少しでも通報されそうなリスクがあれば、侵入をとりやめる傾向があります。

スリが成功率をあげた手口とは？

かつてニューヨークの地下鉄は、ギャングによって落書きだらけにされていました。当局は法律などで厳しく取り締まりましたが、まったく効果がありません。そこで、落書きを徹底的に消す対策で撲滅に成功しました。

犯罪者は合理的に判断している

犯行者は犯罪によって得られる利益と、失敗した（捕まった）ときのリスクを比較する。

利益＞リスクとなったときに犯罪が行われる。
↓
合理的選択理論

獲得する利益

得られる不利益
必要となるコスト

失うものが
何もない人

罪を犯してでも
お金がほしい人

犯罪そのものを
快楽と感じる人

➡ 予想される利益がリスクを上回りやすい

犯罪者は合理的な判断をもとに犯罪を実行しているというのが合理的選択理論。ただし、これだけですべての犯罪を説明できるわけではない。

ギャングにとって、落書きは縄張りのアピールや自己顕示欲を誇示できるという目的がありました。その「利益」をなくすために、地下鉄会社では、1つでも落書きが書かれたら即座に消すという行動に出たのです。これにより、ギャングたちは犯罪（落書き）をするメリットがなくなり、車内が再びきれいな状態で保たれるようになったのです。

　落書きは、器物損壊の1つと考えると、愉快犯的な要素もあると考えていいでしょう。ギャングたちは、地下鉄が「利益」をもたらしてくれなくなったことで、落書きする対象を建物や公共物に変えたと考えられます。この移行こそ、まさに合理的選択の結果だと考えられるのです。

　また、ロンドンの地下鉄では、あるスリが「スリに注意」という警告標識を利用していました。

　標識を見た乗客は、とっさにポケットに手を入れて、財布があるかどうかを確認します。スリはその様子からターゲットの財布の場所を特定して盗んでいたのです。

　財布を探すために相手の体にふれれば、それだけリスクが高くなります。しかし、この方法ならリスクを回避して成功率をあげられるというメリットがあります。

　犯罪者の行動の裏には合理性があるとした「合理的選択理論」は、のちに犯罪者プロファイリングにおける考え方の1つになりました。

「合理的選択理論」では説明がつかない犯罪も

　犯罪者は、そのときの限られた状況の中で最善を尽くすと考えられます。緊急の場合でも、限られた時間、情報、資源の中

「吸血鬼」と呼ばれた連続殺人犯

リチャード・チェイス

1977年から1978年にかけて、アメリカ・カリフォルニア州で子どもを含む6人を殺害した連続殺人犯。殺害後、被害者の血を飲んでいたことから「サクラメントの吸血鬼」と呼ばれた。1979年に死刑宣告されるが、翌年、独房で抗うつ剤を大量に飲んで自殺。

で、合理的に意思決定をする。そう考えるのが、合理的選択理論です。たとえば、「カッとなって殺してしまった」という場合も、一見、衝動的な行動のように見えますが、瞬時に「自分を守る」利益と「自分に危害が及ぶ」リスクを考え、殺人という行為を選択したわけです。

　もちろん、合理的選択理論だけですべてが説明できるわけではありません。たとえば、リスクが度外視され、十分すぎるほどの報酬が得られるような連続殺人事件などは、不合理な選択による犯罪だと考えられます。

　1970年代後半、アメリカで6人を殺害したリチャード・チェイスの事件などは、まさにその典型的な例でしょう。

住宅街は本当に安全なのか?

安全そうな場所が実は一番危ない

いきなりですが、問題です。

ひったくりがよく起きるのはどこでしょうか?

①人通りの多い商店街

②銀行やコンビニの外

③閑静な住宅街

正解は③の「閑静な住宅街」です。

テレビドラマを見ていると、商店街でひったくりに遭い、犯人をあわてて追いかけるシーンが出てきます。でも、そんな人通りのある場所で事件が起きることは、現実にはあり得ません。

人が多ければ確実に顔を見られますし、取り押さえられるリスクも高くなるからです。だから、①はNG。

ターゲットがお金を下ろしたことを確認して襲うのは、犯罪の常套手段です。だから、②が正解だと思った人もいるでしょう。

しかし、慎重な犯人ならすぐに襲うような無謀なマネはしません。銀行やコンビニの付近には、大抵防犯カメラが付いているため、犯行時に顔が確実に映ってしまいます。

したがって、②もNGです。

では、ひったくりの多くが住宅街で起きるのはなぜなのか?

ひったくり犯はいつ行動を起こすか?

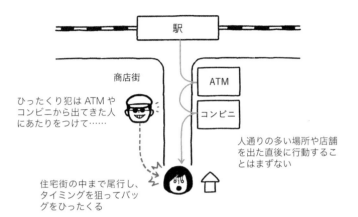

駅

商店街

ATM

コンビニ

ひったくり犯はATMや
コンビニから出てきた人
にあたりをつけて……

人通りの多い場所や店舗
を出た直後に行動するこ
とはまずない

住宅街の中まで尾行し、
タイミングを狙ってバッ
グをひったくる

ひったくり犯は犯行時に何を考えている?

高級住宅街など金持ちが
通りそうな場所を狙う

実行するのは金曜と月曜が
多い(金曜は週末に遊ぶ金
ほしさに。月曜は週末で
使ってしまったから)

駅から出てくる人に
的を絞って、人気の
少ないところまで尾
行して実行する

自宅から半径500m以内での犯行は52%

※兵庫県警のHPをもとに作成

最近では道端で井戸端会議をしている女性はほとんど見ません。また、遊んでいる子どもたちもいません。外にいる人が少なくなったのです。「人が少ない」という点で、「閑静な住宅街」は、犯罪者にとって好都合な場所になってしまいました。

　ちなみに犯行が行われるのは、被害者が自宅に入る前。人は自宅に近づくと安心するので、その心理を利用するのでしょう。

　もっとも、犯罪者は住宅街で待ち伏せしているわけではなく、まず、スーパーやコンビニ、銀行の前などで出てきた人を観察しています。そして、お金を持っていそうな人物を標的にして、密かに尾行。その後、相手が住宅街に入ったら、徐々に距離を縮めていくのです。

荒廃した建物が犯罪を招く？

「割れ窓理論」をご存じでしょうか。

　窓ガラスが割れたまま放置しておくと、その建物は管理されていないとみなされて他の窓も割られてしまう。やがて、その地域一帯が荒れ始め、犯罪が起きやすくなるという理論です。

　ニューヨークでは1990年代半ばから、地下鉄の落書きを徹底して消した結果、犯罪を減らすことに成功しました。環境が整備されないことによって犯罪が増加することもあれば、その逆もあるということです。

　最近、空き家が増加していることが全国的に問題になっていますが、住宅街においても例外ではありません。

　管理されていない空き家が増えれば、犯罪を実行しやすい空間を提供してしまうことになるのです。

環境の悪化は1枚の「割れ窓」から

［写真：123RF］

ガラスが割れている窓を1枚放置すると、その建物が管理されていないという印象を与え、さらには地域全体の環境まで悪化してしまう。したがって、軽微な犯罪を取り締まることで凶悪犯罪の発生を防止することができる。アメリカの犯罪学者ジョージ・ケリングが提唱した理論。

増加する空き家が犯罪の温床になる？

空き家は年々増加しており、2018年には約849万戸と過去最高を記録（総務省「平成30年 住宅・土地統計調査」より）。人が住まない家が増えると、不法侵入や放火の原因となる可能性がある。

犯罪をつくるのは"環境"か?

バンデューラのボボ人形実験

　よく、暴力は連鎖するといわれます。子どもの頃に虐待を受けた経験があると、自分の子にも暴力を振るうようになるという説です。本当のところはどうなのでしょうか?

　カナダの心理学者アルバート・バンデューラは、1960年代に有名な「ボボ人形実験」を行い、人は他者の行動を観察することで学習しているということを実証しました。ちなみにボボ人形とは、空気を入れて膨らませるビニール製の人形です。

　実験では、子どもたちをA～Cの3グループに分けました。そして、どのグループにも、大人のモデルが人形に対して悪態をついたり殴ったり蹴ったりしている映像を見せました。

　その後、Aグループではモデルがほめられている映像を、Bグループでは、モデルが罰を受けている映像を見せました。Cグループには、この映像を見せませんでした。

　その後、子どもたちを遊具が置かれた部屋に入れて観察したころ、Bグループはボボ人形への攻撃が最も少なく、A,Cグループは攻撃的な行動を見せました。

　なかでも、Aグループの子どもたちは、モデルの大人より、さらに激しく人形を攻撃したというのです。

　注目すべきは、子どもに攻撃的な行動を見せると、その行動をマネするだけでなく、さらに攻撃性が増したという事実です。

エスカレートした子どもの暴力

ボボ人形

子どもたちを3つのグループに分けて映像を見せた

大人が人形に乱暴
をしている映像

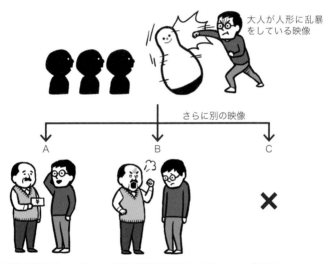

さらに別の映像

A   B   C

モデルがほめられている   モデルが罰を与えられている   見せない

その後、子どもたちを観察した結果、A
グループの子どもたちにはより強い攻撃
性が見られた

ここからわかるのは、暴力を良しとする環境で育った子どもの場合、成長して暴力を振るう側になることもあり得る、ということです（必ずそうなるわけではありません）。

家族同士が殺し合った異常な事件

　暴力や虐待など異常な行為が繰り返される環境下に置かれると、人はどんなに善人であっても道を踏み外してしまいます。

　2002年に「北九州連続監禁殺人事件」が起きました。

　中心的な役割を果たしたのは松永太と緒方純子のカップルです。主犯格の松永は、純子を精神的に操りながら多くの人を擬似家族のような共同生活に巻き込み、血のつながった家族同士で殺し合いをさせるという、凄惨かつ不可解な事件でした。

　最初、2人はある男性に目をつけて投資話を持ちかけて取り入ります。その後、男性が妻と仲たがいするように誘導し、彼が別居した後でその家に入り込みました。

　松永と純子は男性を虐待しながら大金を巻き上げ、衰弱死させます。さらに2人は男性の娘に父親の遺体を解体させ、処分させます。やがて、松永は純子にも猜疑の目を向けるようになり、純子の家族に「純子が男性とその妻を殺害した」と脅迫。以来、家族からは大金を巻き上げながら、電気ショックや殴る蹴るの暴力をお互いに与えさせて、それぞれが反目するように仕向けていったのです。

　松永は絶対に自ら手を下さず、純子やその家族らが自主的に殺害を行うように心理操作をしました。

　「家族全員で束になってかかれば、松永に対抗できたのではないか？」と思うでしょう。しかし、それができなかったのは、

洗脳とマインドコントロールの違い

洗脳

虐待や拷問、違法薬物など暴力的
な手段を使って、相手を思い通り
に支配する

相手の心の弱い部分につけこんで、
不安や恐怖によって考え方を変え
させる

暴力によって心身ともに支配されていたからです。

　異常な日常によって、誰もが抵抗する気力を失い、殺人は間違っているという常識的な判断ができなくなっていました。

　オウム真理教による一連の犯罪も、同じ構造だといえるでしょう。教団内での殺人や地下鉄サリン事件などの実行犯は、異常な環境下で、殺人を肯定するようマインドコントロール（→72ページ）されていました。

　このように、どんな人でも特殊な状況に置かれると、正常な判断ができなくなってしまうのです。

あなたは犯罪を止められるか?

40人の乗客が誰も犯人を止めなかった事件

「犯罪の現場に遭遇したら、絶対に見て見ぬふりはしない」

　果たして、本当にそう言い切れるものでしょうか?

　2007年に特急電車内で女性が公然と強姦されるという事件が起きました。しかも驚くべきことに、車内には事件当時40人ほどの乗客がいて、加害者が女性を脅して、無理やりトイレに連れ込もうとしている現場を目撃した人もいたのです。

　ところが、誰も注意することはせず、車掌に知らせようともしませんでした。その結果、女性は抵抗も虚しく被害に遭ってしまったのです。

　もちろん、乗客は問題が起きていることに気づいていました。加害者から「何を見とるんじゃ!」とすごまれて、怖くて助けられなかった人もいれば、「痴話ゲンカだと思った」と言う人もいたようです。「きっと誰かが車掌に知らせただろう」と動かなかった人もいました。

　なぜ、こんなことが起きてしまったのでしょうか。

キティ・ジェノヴィーズの悲劇

　1964年にアメリカ・ニューヨーク州でキャスリーン（愛称キティ）・ジェノヴィーズという女性が殺害されました。彼女は未明にアパートに帰ってきたところで暴漢に襲われました。

なぜ被害者は見殺しにされたのか？

加害者は、被害者の女性を脅して車両内のトイレに連れ込み、暴行した。車内には 40 人ほどの乗客がいたが、誰も行動を起こさなかった。加害者は同じ手口で他にも 2 件の事件を起こしている。

　この事件が異様なのは、目撃者がいたことに加え、犯人が現場を離れて戻ってくるという行動を何度か繰り返したのに、結局、被害者は絶命するまで襲われ続けたという点です。

　最初に暴漢に背中を刺されたとき、彼女は大声で助けを求めました。すると、1 人の住人が窓を開け、彼女を放すように怒鳴ったのです。犯人はいったんその場を離れましたが、窓の明かりが消えると、戻ってきて再びキティを刺しました。

　その悲鳴を聞いて、建物の明かりがついたので、犯人はまた立ち去りました。ところが、もう一度戻って首などを刺して致命傷を負わせたのです。警察が駆けつけたときには、彼女はすでに絶命していました。

　これはキティ・ジェノヴィーズ事件と呼ばれ、傍観者が犯罪の発生を許した象徴的な事件として語られています。

もし、最初に警告した人が彼女の様子を確かめに外に出ていたら、キティは助かっていたでしょう。他にも悲鳴を聞いた人は何人もいたので、誰かが警察に通報していたら、結果は変わっていたかもしれません。

誰も行動を起こさない「傍観者効果」

　心理学者がある実験を行いました。学生を2名、3名、6名のグループに分けて討論をさせ、その途中で1人の学生が発作を起こす演技をしたとき、まわりはどう反応するかを観察したのです。すると2名のグループは全員が行動を起こしたのに対し、6名のグループは38%の人が行動を起こさなかったことが確認されました。

　もともと、キティ・ジェノヴィーズ事件で被害者が見殺しにされたのは、「都会人の冷淡さ」が原因だといわれていました。

　しかし、この実験結果でわかったのは、誰も行動を起こさなかったのは、「（自分以外にも）多くの人が見ていたから」という事実です。これを「傍観者効果」といいます。

　こういった傍観者効果は、日常的に発生しています。

　最近は、事件現場をスマホで撮影している人が増えています。警察や救急車を呼ばずに撮影している人は、まさに「誰かが呼んでいるだろう」という傍観者の心理になっているのでしょう。

　人間の心理そのものを変えるのは不可能です。助けなかった人間を非難するのではなく、傍観者効果が発動しないような社会システムをつくることが重要なのではないでしょうか。

「見て見ぬふり」はなぜ起きてしまうのか?

①多元的無知

「まわりが何もしないのだから
緊急ではない」と思ってしまう

②責任の分散

「自分がしなくても誰かがしてくれる
だろう」と責任を回避する

③聴衆抑制

行動を起こしたときに「まわり
から何か言われるのでは?」と
心配し、行動をやめてしまう

④対処法の無知

何をすればいいのかわからなくなり、
パニックになる

日本で一番危険・安全な都道府県は？

愛知県で窃盗犯が多いのはなぜ？

日本で一番犯罪が多い地域は大阪です。件数は東京が一番多いのですが、人口10万人で換算すると、ワースト1位は大阪になります。大阪は強盗、殺人、わいせつ、放火の4つでワースト1位。ひったくりは9年間ワースト1位でしたが、2019年に東京が1位になりました（警察庁「犯罪統計」）。

大阪で犯罪が多い理由としては、経済的格差に対する思い、都会的なオフィス街と猥雑なエリアの混在、他人の行動をあまり気にしない気質などが考えられるのではないでしょうか。

犯罪には地域性があり、たとえば愛知県は侵入盗で全国ワースト1位です。大阪と東京にアクセスしやすく、盗んだらすぐに大都市に逃げて雲隠れできるからでしょう。

振り込め詐欺は東京が一番多く、茨城県は自転車泥棒が全国1位など、地域によってどの犯罪が多いのかは異なります。

各都道府県警のホームページを見ると、「○○の犯罪率No.1です」という統計が発表されている場合があります。

自分の住んでいる地域はどのような犯罪が多いのかを確認すると、防犯対策に役立つでしょう。

日本一犯罪が少ないのは秋田県

ちなみに、最も犯罪が少ないのは「秋田県」です。

犯罪が多い（少ない）都道府県

都道府県の犯罪数の差は、文化的な背景や交通の便など複数の要因が関係する。

　認知件数は、大阪のわずか5分の1。

　そもそも人口が100万人を切っていることもあり、潜在的な被害者が少ないという事実はあるでしょう。しかし、その点を踏まえても、住環境が良いこと、教育水準が全国トップクラスであること、また、在宅時間が長く不用意な外出も少ないという特徴から、犯罪に遭いづらいと考えられます。

　また、三方を山に囲まれ、交通の便も良いとはいえません。隣県へのアクセスも悪く、生活基盤の交通網も弱体化しているといわれています。愛知県と比べても、県外からやってくる犯罪者が活動しにくい環境になってることが想像できます。

　このように、統計の数字の裏にはそれなりの根拠があるのです。その背景を探ってみると、新たな発見があるかもしれません。

タクシー・ドライバー

マーティン・スコセッシ監督／1976年／アメリカ

2つの暗殺事件をつないだ狂気の物語

◆孤独を抱えたベトナム帰還兵

1976年に公開された映画「タクシー・ドライバー」は、同年のカンヌ映画祭でパルム・ドールを獲得するなど、高い評価を得た作品ですが、犯罪心理学の視点で見ても、非常に重要な意味を持つ作品です。

この映画は大統領候補の暗殺事件を扱っていますが、ストーリーにインスパイアされた青年が、実際の暗殺未遂事件を引き起こしてしまったことでも知られています。

なぜ、そんな事件が起きてしまったのでしょうか？

物語の主人公は、トラヴィス（ロバート・デ・ニーロ）という名のベトナム帰還兵です。

不眠症に悩まされる彼は、ニューヨークでタクシー運転手の職を得ます。しかし、虚しい仕事と友人のいない日常は、彼の孤独を癒すことはありませんでした。

そんなとき、トラヴィスは次期大統領候補パランタインの事務所で働く女性と知り合います。ところが彼女との関係はうまくいかず、破局。それが契機となり、彼はパランタイン

の暗殺を計画するという極端な行動に出ま
す。

　ところが、その試みはあえなく失敗。行
き場のない怒りを発散するように、街で
偶然見かけた 10 代の娼婦アイリス（ジョ
ディ・フォスター）を救うため、用心棒や
元締めのいる宿に単身乗り込んでいく……
というストーリーです。

　映画は、トラヴィスと同じように都市生
活の閉塞感に悩む青年たちの共感を集め、
大ヒットとなりました。

「タクシー・ドライバー」
Blu-ray 2,381 円 (税 別) /
DVD 1,410 円（税別）発売中
発売・販売元：ソニー・ピクチャー
ズ エンタテインメント

コラム
映画と犯罪①

◆ジョディ・フォスターに捧げられた暗殺

　ところが、映画を観た1人の若者が、自分と主人公のトラヴィスを同一視させます。

　若者の名はジョン・ヒンクリー。

　テキサス工科大学で学ぶ25歳の学生でした。

　ヒンクリーは、アイリスを演じたジョディ・フォスターに偏執的なあこがれを抱きます。その結果、映画でトラヴィスが実行したのと同じく、ジョディにアピールするように、当時の大統領ロナルド・レーガンの暗殺を企てたのでした。

　タクシー・ドライバーの脚本は、もともと1972年5月に起きたアラバマ州知事暗殺未遂事件の犯人アーサー・ブレマーの手記を参考にしてつくられました。その映画に影響を受けた人物が、現実と虚構の見分けがつかなくなり、本物の暗殺犯となってしまったのです。

　1981年、ヒンクリーは講演のためにワシントンDCを訪れたレーガン大統領を狙撃。銃弾は胸部に命中しますが、幸い致命傷にはならず、レーガンは一命をとりとめました。

　ヒンクリーはその場で身柄を拘束されましたが、その後の裁判では精神異常を理由に無罪となっています。

　この映画は、タレントや有名人に一方的に好意を寄せてつきまとう"スターストーカー"の存在を浮き彫りにしたという意味でも、大きな意味を持っています。

第 2 章

犯罪者は
何を考えているのか

同じ殺人でも動機が異なる

大量殺人と連続殺人の違いとは？

　大量殺人や連続殺人が起きたとき、多くの人が「異常すぎて、まったく理解できない」と思うものです。

　しかし、どんなに残虐であっても、同じ人間が起こした行為であることには間違いありません。それを科学的に分析するのが「犯罪心理学」なのです。

　一般に、大量殺人とは、同一の場所で同じ時間帯に複数の人が殺害される事件を指します。2008年に加藤智大が秋葉原の交差点にトラックで突っ込み、人をはねた後、ナイフで通行人を次々と刺した「秋葉原通り魔事件」も大量殺人です。

　大量殺人は怒りや復讐心などが犯行動機であることが多く、一気に感情が爆発して殺害に至る傾向があります。

　一方、連続殺人はある程度目的があって、時間をあけて1人ずつ殺害していきます。2017年に自殺願望のある女性を誘い出し、強盗、強姦した後に次々に殺害した「座間9遺体事件」は、連続殺人に該当します。

　大量殺人は衝動的に行われるので、犯人は捕まることに抵抗感がありません。ところが、連続殺人は捕まらないように計画的に実行されるため、発覚するまでに時間がかかります。

　その結果、殺人が「連続」して起きるようになるのです。

衝動的な殺人と計画的な殺人

同一の場所で同じ時間帯に複数の人を殺害するのが大量殺人（左）。時間をあけて1人ずつ殺していくのが連続殺人（右）。

欧米では3人以上が大量殺人に定義されますが、日本では3人以上が殺害される事件は、ごくわずか。したがって、日本では2人以上の殺害を大量殺人と定義しています。

大量殺人犯は自ら命を絶つ

日本の大量殺人において、被害者が加害者と顔見知りである例は珍しいことではありません。とくに親族である割合は高く、全体の約6割。次に知人が3割、面識なしが1割となっています。

つまり、身内で起きた何らかのトラブルが原因になっていると考えていいでしょう。

アメリカなどでは、大量殺人の加害者は犯行後に自殺する者

が4割近くいます。このことから、大量殺人は、特殊な「自殺（拡大自殺）」の意味合いもあると指摘されています。

　2019年に起きた「川崎市登戸通り魔事件」では、加害者は自らの首を刺して絶命しました。ですから、まさに拡大自殺だったと考えられるのです。

　大量殺人の中でも例外的なのは、思想や信念を貫くために行われる場合です。その信念が宗教的・政治的なものであれば、「テロ」と呼ばれるものになります。1995年、オウム真理教が起こした「地下鉄サリン事件」は、まさしくテロでした。

　日本ではテロの数は多くありませんが、自分の境遇に対して不満があり、世の中を変えたいという思いや、まわりの人や世の中に対して復讐するという思いは、大量殺人の動機と共通しているようです。

男女で異なる連続殺人犯の動機

　一方、連続殺人犯は、自分の快楽のために殺人を行う場合が多くあります。「座間9遺体事件」も、被告であるSの性的な欲望を満たすために起きたと考えられる事件でした。

　複数の被害者を殺害するのは同じでも、欲望の満足感は大量殺人では1度きりです。性的衝動が動機の場合は、1人ずつ殺害することで、継続的に満足感が得られます。

　連続殺人は殺すこと自体が快楽であるケースも多いので、手口が残虐で、遺体を切り刻むような猟奇的な手口が目立つのも特徴です。

　アメリカでは最近、元ボクサーのサミュエル・リトル受刑者が93人の女性を殺害したことが判明し、同国史上最多の連続殺

７人の男性を殺害した女性連続殺人犯

 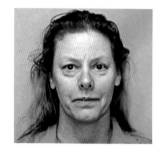

「モンスター」
Blu-ray　3,800 円（税別）
発売元：ギャガ／販売元：TC エンタテインメント

©2003 Film and Entertainment VIP Medienfonds 2 GmbH & Co. KG and MDP Filmproduktion GmbH

アイリーン・ウォーノス（右）は、1989 年から 1990 年の１年間に、７人の男性を殺害したアメリカの女性連続殺人犯。彼女は娼婦として生計を立てながら、近づいてきた男性を拳銃で射殺するという犯行を繰り返した。逮捕後、６件の死刑宣告を受け、2002 年に薬物注射によって死刑が執行されている。映画「モンスター」（左）では、シャーリーズ・セロンが彼女の激動の半生を演じた。

人犯だと話題になりました。

　ところで、連続殺人犯＝男性というイメージが強いのですが、それは必ずしも正しくありません。女性の連続殺人犯も、わずかですが存在します（→ 54 ページ）。

　アメリカで７人の男性を殺害したアイリーン・ウォーノスや、2007 ～ 2009 年に起きた「首都圏連続不審死事件」の木嶋佳苗などはその代表例です。

　ただし、女性の場合は、性的欲求が動機となる男性と違って、お金が目的のケースと、医療関係者という立場を利用して自らの力を誇示するケースがあります。

個人的な恨みから「誰でもいい」へ

30人が殺害された日本の大量殺人事件

「日本でも凶悪犯罪が多くなった」といわれることがありますが、実際は逆。殺人などの凶悪犯はむしろ減少しています。

凶悪な事件が起きると、メディアで繰り返し取り上げられるので、「増えた」と感じるのかもしれません。

先進国の中でも、日本は人口10万人あたりの殺人の発生件数は少なく、安心安全な国だといえます。大量殺人が少ないのは、やはり銃を規制していることが関係しているのでしょう。

日本の犯罪史に残る大量殺人としては、「津山30人殺し」という事件があります。

戦前に、岡山県の小さな集落で起きた殺人事件で、横溝正史の『八つ墓村』のモデルになりました。

1938(昭和13)年、21歳の都井睦雄は祖母の首をオノではねた後、集落の家に侵入して、村人を散弾銃や猟銃、日本刀などで次々に殺害していきます。犯行は約1時間半にわたり、その間に30人が殺害されました。都井はその後、遺書を残して猟銃で自殺しています。

遺書によると、結核のために兵役に就けず、村で差別されていたこと、その村では夜這いの風習があり、複数の女性と関係を持っていたが、その女性たちに邪険にされたことなどが書かれていました。

世界の殺人発生率　国別ランキング

順位		国名	単位（件／10万人）
1		エルサルバドル	61.71
2		ベネズエラ	59.56 ★
3		ジャマイカ	56.39
4		米領ヴァージン諸島	49.27 ★★★
5		レソト	43.56 ★
⋮		⋮	⋮
168		日本	0.24
169		シンガポール	0.19
170		バチカン	0.00 ★★
171		リヒテンシュタイン	0.00 ★
172		モナコ	0.00 ★★
173		アンドラ	0.00 ★★
174		マン島	0.00 ★

※国際統計・国別統計専門サイト「グローバルノート」をもとに独自に作成。各国のデータについては、国連の犯罪調査統計（CTS）、国際刑事警察機構（ICPO）、及び各国の司法当局の調査、WHO の死因調査データなどにもとづく。当該データがない国については直近データ（★＝2016年、★★＝2015年、★★★＝2012年）。

中南米の国々がトップなのは、組織的犯罪が横行しているから。先進国ではアメリカが65位（5.32）、カナダが109位（1.80）、フランスが121位（1.27）と続く。なお、マン島は自治権を持ったイギリス王室の属領。

女性たちは他の市町村に嫁いでいましたが、里帰りしていたことを知って決行した、といいます。

両親の死後、育ててくれた祖母を殺害したのは、事件後に残されたら村でつらい思いをするだろうという理由からでした。

事前に送電線を切り、真っ暗な中、自分は懐中電灯を持って命乞いをする村人を次々と殺害するという凄惨な事件でした。

流れを変えた附属池田小事件

津山事件より前にも、大量殺人は起きていました。代表的なのは1893（明治26）年の「河内十人斬り事件」です。

しかし、この事件は金銭トラブルと痴情のもつれが原因で、いわば個人的な復讐という性格を帯びた事件でした。

対して、津山事件は、閉ざされた共同体の中で行き場を失った者が、共同体内の不特定多数を殺害したという事件です。

このように、かつてはいくら被害者が多くても、事件の範囲はせいぜい共同体の中だけに限られていました。

ところが、2001年に起きた事件から流れが変わります。「大阪教育大学附属池田小事件（附属池田小事件）」です。

事件を起こした宅間守は、刃物を持って小学校に侵入し、児童8人を殺害しました（2004年に死刑執行）。

この事件以降、大量殺人の動機は、個人的な怨恨ではなく「殺すのは誰でもいい」という無差別殺人型のスタイルになっていきます。殺人の「質」が変わったといえるでしょう。

宅間は学歴コンプレックスを持っていました。それを裏づけるように、犯行後の手紙には「エリートの卵を刺し続けた」と書かれていました。

彼は殺した子どもに個人的な恨みがあったわけではありません。名門校に通う子どもなら、誰でもよかったのです。

大量殺人を正義だと主張

2016年に「相模原障害者施設殺傷事件」を起こした植松聖は、むしろ自分のしたことは正義なのだと信じていました。

植松は事前に大島理森衆議院議長（当時）にレポート用紙3枚の手紙を手渡そうとしています。

そこには「私は大量殺人をしたいという狂気に満ちた発想で今回の作戦を、提案を上げる訳ではありません。全人類が心の隅に隠した想いを声に出し、実行する決意を持って行動しました」（原文ママ）などと記されていました。

つまり、自分は「正常」な精神の持ち主で、障害者の殺害は正しかったと主張しているのです。

しかし、どんな危険思想を持っていたとしても、実際に殺人を実行する人はいないのですから、やはり常軌を逸しているといわざるを得ません。

このように、大量殺人は、自分のまわりで殺す→地域の中で殺す→地域を飛び出して誰でもいいから殺す……と何でもありの様相を呈してきました。このまま社会が複雑になっていくと、大量殺人の動機はさらに予想もつかない方向に変化していくかもしれません。

シリアルキラーは罪悪感に苦しまない

14歳の少年による連続殺人

　連続殺人犯は「シリアルキラー」とも呼ばれ、ドラマや映画の題材としてもよく取り上げられます。

　シリアル（serial）とは「連続的な」という意味で、30人以上の女性を殺害したアメリカの連続殺人犯テッド・バンディを表わすために、元FBI（アメリカ連邦捜査局）捜査官が用いたのが始まりだといわれています。

　1997年、日本中を震撼させる事件が起きました。「神戸連続児童殺傷事件」、いわゆる「酒鬼薔薇聖斗事件」です。これは現代日本における連続殺人事件の代表例といえるでしょう。

　小学生の男児と女児が殺害され、男児の頭部は切断されて中学校の校門に置かれていました。しかも、その口には犯行声明文がくわえさせられていたのです。

　その声明文には「さあ　ゲームの始まりです　愚鈍な警察諸君　ボクを止めてみたまえ（後略）」と真っ赤な字で書かれていました。手口もさることながら、後に犯人が当時14歳の少年だったことがわかり、世間は騒然としました。

　犯人の少年Aは、殺害した2人だけでなく、他に小学生の女児3人を通りすがりにハンマーで殴ったり、小刀で刺してケガを負わせたりしています。

　殺害された男児とは面識はあったものの、特別な感情があっ

「シリアルキラー」の由来となった連続殺人鬼

テッド・バンディ

テッド・バンディは1970年代のアメリカで少なくとも30人以上の女性を殺害したとされている連続殺人犯。「シリアルキラー」という言葉を生むきっかけとなった。裁判では国選弁護人をすべて罷免し、自分で自分の弁護を行うなど注目を集めたが、1989年に死刑が執行された。

" 酒鬼薔薇聖斗 " が新聞社に送りつけた犯行声明文

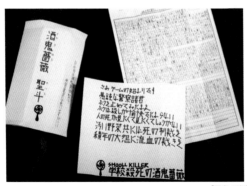

[写真：時事通信フォト]

犯行声明文は癖のある赤い文字で書かれており、「透明な存在」「一人の人間を二度殺す能力」などのフレーズが話題となった。

たわけではなく、殺す人を探している最中に、偶然出会ったので被害者にされてしまいました。

女性の連続殺人犯は2パターン

女性にも連続殺人犯がいることはすでに述べました。

女性の連続殺人犯は、おもに「黒い未亡人型」と「死の天使型」の2種類に分けられます。

黒い未亡人型は、資産家と結婚して、夫を殺害してその資産を奪います。2007年から2013年にかけて、高齢者3人を殺害したとされる「連続青酸不審死事件」のK被告は、まさに黒い未亡人型。この事件が報じられたときは「後妻業」という言葉が話題になりました。

事件は、K被告と結婚相談所などを通じて結婚、あるいは内縁の関係となった6人の男性が、出会いから数年で死亡していることから発覚しました。相続した遺産は約10億円でした。

「首都圏連続不審死事件」で死刑となった木嶋佳苗は、結婚はしていないものの、交際していた6人の男性が不審死しています。同じ時期に話題になった「鳥取連続不審死事件」の上田美由紀死刑囚もやはりお金が目的で、5人の男性の不審死に関係していると見られています。

「死の天使型」は、1981年にアメリカ・テキサス州で起きた、看護師ジェニーン・ジョーンズの事件が代表的な例。

彼女は乳幼児約60人を殺害した疑い（このうち立証されたのは2人）で現在も服役しています。

犯行当時、ジェニーンは「死の天使」と呼ばれていました。彼女が子どもに薬物を投与したのは、「容体が急変した子どもの

動機はお金／承認欲求

黒い未亡人型

財産目的で資産家と
結婚。保険金をかけ
て殺害する。

白い天使型

患者に薬物を投与して
殺害。自ら救命措置を
行うこともある。

もとにいち早く駆けつけて命を救いたい」と考えたからです。
いわば消防士が放火魔であるようなものかもしれません。

　自分が患者の命を左右する立場にあるという全能感があり、
また自分の能力を称賛してもらいたくて行ったのではないかと
考えられています。

　なお、日本でも、横浜・大口病院で患者の48人が不審死し、
看護師が逮捕された事件がありました（大口病院連続点滴中毒
死事件）。

　このように見てくると、性的なものであれ、金銭的なもので
あれ、いずれにせよ強い欲求に突き動かされて、連続して人を
殺害するのが連続殺人の特徴だといっていいでしょう。

遺体をもてあそぶ最凶の殺人犯

おぞましい快楽殺人鬼エド・ゲイン

　猟奇的な殺人には、加害者が被害者を殺害するだけでは満足せず、遺体をさまざまな形で損壊するという特徴があります。

　以下、詳しくご説明していきますが、ここから先は刺激が強い情報が続きますので、気の弱い方は読まないほうがいいかもしれません。

　遺体損壊の手段には、バラバラ殺人や屍姦、カニバリズム（人肉食）などが含まれます。このような犯罪の実行犯は、基本的に人を殺害することで快感を覚える快楽殺人犯です。

　快楽殺人犯の代表格といえば、エド・ゲインでしょう。

　アメリカ・ウィスコンシン州の農場に住んでいた彼は、近くの墓場から女性の遺体を掘り起こして自宅に持ち帰り、解体。剥いだ皮でベストをつくって身に着けていました。

　また、頭蓋骨を食器に加工し、人間の皮でランプシェードをつくるなど、おぞましい行為を繰り返していました。

　家宅捜索では、15人の女性の遺体が発見されます（そのうち彼が殺したのは2人）。彼は「女性になりたい」という欲望があり、そのため、乳房をつけたボディースーツを着て、夜な夜な自宅の農場を歩き回っていたといいます。

　こうした衝撃的な内容から、彼は数多くの映画やドラマの犯罪者のモデルになりました。

遺体の頭蓋骨を食器にしていた猟奇的殺人犯

エド・ゲイン

墓を掘り起こし、死体を使って衣類や装飾品、家具などを製作した猟奇的殺人犯。逮捕後、有罪となるが、精神障害とみなされ、1984年に病死するまで精神病院の中で暮らした。映画「サイコ」「悪魔のいけにえ」などの殺人犯は彼がモデルになっている。

昭和～平成の日本を震撼させた連続幼女殺人犯

　快楽殺人犯は、女性や子どもを連続的に襲って殺害することによって、快楽をむさぼります。また、「戦利品」として遺体の一部を保管する傾向があることもわかっています。

　1988年から1989年にかけて起きた「東京・埼玉連続幼女殺人事件」の宮崎勤（2008年に死刑執行）も快楽殺人犯です。

　昭和の終わりから平成にかけて、4人の幼女が次々と行方不明になりました。宮崎は少女を誘拐して殺害し、遺体にわいせつ行為を行う様子をビデオで撮影していました。

　被害者の1人の家族に焼いた遺骨を送りつけ、ある女児の遺体はバラバラにするなど、残虐の限りを尽くしました。

　「今田勇子」名義で被害者宅や新聞社に犯行声明を送りつけるなど、いわゆる劇場型犯罪を展開したことでも知られます。

ところで、猟奇的な事件の報道を見ると、犯人がなぜ犯行後に何事もなく日常生活を送れるのか、不思議に思うでしょう。「罪悪感を抱かないのだろうか？」という疑問も生まれます。

　答えはノーです。

　彼らは罪悪感をほとんど抱かないと言っています。信じがたいことですが、買い物や遊びを楽しむようなレジャー感覚で犯罪を実行します。性的な欲求が満たされるので、「楽しかった」「次はどうしようか」とすら考えるのです。

　なぜ、良心の呵責がないのか？

　これは心理学が取り組むべき、深い研究テーマでしょう。

なぜ遺体をバラバラにするのか？

　遺体をパーツごとに切り離すバラバラ殺人は、猟奇的殺人の1つに分類されます。

　バラバラにする行為は、それによって加害者が性的興奮を得ることも多く、そのためFBIではバラバラ殺人を性的殺人事件の1つとして扱っています。

　ただし、日本のバラバラ殺人は、9割以上が「証拠隠滅」や「遺体の運搬を容易にするため」という合理的な理由で起きています。最初から遺体をバラバラにすることが目的の場合、手慣れた犯罪者は、殺害直後にアキレス腱など全身の腱を切ります。こうしておけば、死後硬直を起こしても、関節が曲がるので運びやすいからです。

　2008年に起きた「江東マンション神隠し殺人事件」は、証拠隠滅のために遺体をバラバラにした典型的な例です。

　この事件の犯人は、被害女性と同じマンションに住む星島貴

徳で、事件後のニュース番組の中で堂々とインタビュー取材に応じていました。

事件直後、警察官が聞き込みのために星島の部屋を訪ねましたが、そのとき、女性はまだ生きていたといいます。

しかし、星島は事件の発覚を恐れて女性を殺害。遺体をバラバラにしたのです。

警察は捜査の過程で再度星島の部屋を訪れますが、そのとき、遺体の一部はまだ部屋の段ボールの中に残っていました。

ところが彼は大胆にも、その段ボールを指して、「こっちも見ますか？」と聞いたといいます。その堂々とした様子に警察は疑いを持たずに、箱の中を調べずに帰っていきました。

その後、女性の部屋で星島の指紋が検出されたことで容疑者として浮上。遺体はすでにトイレなどに流されて跡形もなくなっていました。星島は罪を認めて無期懲役が確定しています。

また、女性が殺人を犯した場合、遺体を捨てやすくするためにバラバラにすることがあります。典型的なのは、2006年に起きた「新宿・渋谷エリートバラバラ殺人事件」。

この事件は、夫からの激しい暴力に耐えかねた妻が、就寝中の夫を殺害したという事件でした。殺害後、のこぎりなどで遺体を切断した後、都内数カ所に遺棄していました。

想像もできない恐ろしい作業ですが、人は「殺人」という一線を越えると、遺体を切り刻むぐらいは平気になるのかもしれません。その行為は証拠隠滅のための合理的選択だといえます。

犯罪史に残る
8人の猟奇的殺人犯

 この項目はショッキングな内容を多く含みますので、
気分を害される場合があります。ご注意ください。

　ここでは、世界の犯罪史上に残る8人の猟奇的殺人犯をとり
あげます。「猟奇的殺人」とは、怪奇な、異常な殺人といっ
たニュアンスを持つ呼び名であり、法的な名称ではありません。

　一般的にはおよそ理解できない動機や手口ばかりですが、彼
（彼女）らにはそれなりのロジックがあり、それを解明するこ
ともまた、**犯罪心理学の重要なテーマ**なのです。

　取り上げたのは、いずれも犯罪心理学研究に大きな影響を与
えた人物（事件）ばかりです。

　連続殺人犯であり、性的な動機が強い3人の猟奇的殺人犯、
ペーター・キュルテン、ジェフリー・ダーマー、アンドレイ・
チカチーロ、夫婦で殺人を繰り返したフレデリック・ウェスト
とローズマリー・ウェストなど……。

　彼（彼女）らの犯行は、多くの犯罪心理学のテキストで取り
上げられているだけでなく、**現代の殺人事件を検討する上
でも貴重な事例**となっています。

　たとえば、チャールズ・マンソンはカルト宗教の教祖でした。
彼が指揮した殺人事件は、日本のオウム真理教による地下鉄サ
リン事件を読み解く手がかりにもなるのです。

　なぜ、こうした犯罪者が生まれたのか ――？

　ぜひ、その問いの答えを探してみてください。

ペーター・キュルテン (ドイツ)

1883～1931年（死刑）

　キュルテンは、ドイツのケルンで13人兄弟の末っ子として生まれた。父親は酒を飲むと妻に対して激しい暴力を振るい、そのせいで、キュルテンは孤独な少年時代を送ったという。

　小学生の頃から動物に対する虐待や少女への性的いたずらを起こす問題児だったが、成長してからも窃盗や暴行事件を繰り返し、仕事も長続きしなかった。

　30歳のとき、民家に忍び込み、寝ていた少女の首を絞めた後、首をナイフで何度も刺してから屍姦するという犯行に及ぶ（この事件では逮捕を免れたが窃盗罪で逮捕されている）。

　刑務所を出所後、40歳で結婚。夫婦仲もよく、近所の評価も高かったが、秘密裡に殺人を繰り返し、被害者の死体を切り刻むという凶行を重ねていた。

　1930年、キュルテンは、ある少女を殺害の目的で誘うが、生かしたままで解放する。その後、彼女の友人の密告によって犯人と特定され、逮捕された。

　裁判では、9件の殺人事件で死刑を、7件の殺人未遂事件で15年の懲役を宣告され、1931年に死刑が執行された。

01

フレデリック・ウェスト＆ローズマリー・ウェスト (イギリス)

フレデリック：1941 〜 1995 年（刑務所内で自殺）

ローズマリー：1953 〜服役中

　フレデリック・ウェストは、幼い頃に両親から、激しい体罰や性的虐待を受けていた。彼は最初の結婚後、妻の友人を殺害。その後、殺人を繰り返すようになる。

　一方、ローズマリーも実の父親に性行為を強要されるなどの虐待を受けており、16歳のときに家から逃亡。ウェストと知り合い、1972年に結婚する。

　ウェストは、結婚後も女性を誘拐し、殺害する行為をやめなかった。それどころか、ローズマリーとの間に生まれた子どもに対しても性的虐待を加えて殺害している。

　1994年、ウェストは娘の殺害容疑をきっかけに、ローズマリーとともに逮捕された。

　2人が住んでいた家は、事件の全容が明らかになると「恐怖の館」と呼ばれた。家の床下や庭から、彼らの娘を含む女性12人の死体が発見されたからだ。

　ウェストは95年に刑務所内で自殺。遺書にはローズマリーへの愛の言葉が綴られていた。一方、ローズマリーは事件への関与を否定したが、裁判所はその訴えを認めず、終身刑を言い渡した。彼女は現在も服役中である。

ジョン・ダフィ（イギリス）
1959～服役中

　イギリスで18人の女性を強姦・殺害したジョン・ダフィ。

　彼の事件は、現在世界中の警察で使われている統計的プロファイリングが開発されるきっかけとなったことでも知られている。

　ダフィは1982年から、幼なじみの友人とともに、女性を残忍なやり方で襲う行為を繰り返した。被害者の女性の多くは、頭部を殴打された後、後ろ手に縛られて強姦されている。

　ダフィは、この一連の犯行を鉄道駅近くで実行した。そのため、マスコミは犯人を「鉄道レイプ魔」と名付けて恐れた。

　犠牲者が増えていくなか、警察はサリー大学のデビッド・カンター教授に捜査への協力を依頼。事件が起きた1980年代は、犯行現場に残された情報や地理的な特徴などを分析して犯人像をあぶり出す「プロファイリング」が進化してきた時期で、カンター教授はこの手法を駆使して、犯罪情報を分析。逮捕されたダフィの特徴は、教授の分析した犯人像と80％以上一致していた。

　ダフィは、1988年に裁判にかけられ、2人の殺人と4人の強姦で終身刑を宣告された。裁判では、彼の悪行を根拠に「最低でも30年は釈放すべきではない」という旨が強調された。

　彼は今も刑務所に服役している。

04

アンドレイ・チカチーロ (旧ソ連)

1936 ～ 1994 年（死刑）

「ロストフの切り裂き魔」の異名を持つアンドレイ・チカチーロは、旧ソ連各地で想像を絶する残忍な殺人事件を繰り返した。

彼は生まれつき弱視であり、勃起不全という身体的な特徴があったことからからかわれることが多く、強いコンプレックスを抱えていた。それは後の殺人に大きな影響を与えることになる。

チカチーロは、もともと読書家で学校の成績も優秀だった。勉学に励み、名門モスクワ大学の法律学部を目指したが、受験に失敗。その後、苦学して大学卒業資格を取得し、35歳のときに教員の職を得た。だが、学校内の子どもたちに性的いたずらを繰り返したことで、職場を追われることになる。

最初の殺人は、42歳のとき。9歳の少女を強姦した後、ナイフで刺して惨殺。近くの川に捨てたと供述している。

それから彼は、ホームレスや子ども、娼婦などを森の中に誘い込んで、次々に殺害していく。被害者の体を切り刻み、遺体の一部を食べただけでなく、ときには持ち帰ることもあった。

逮捕されたチカチーロは自ら50人以上を殺害したと自供。裁判では、罵声に笑顔で応えたり、意味不明な言葉を発したりして遺族らを挑発したが、1994年に死刑（銃殺刑）が執行された。

チャールズ・マンソン（アメリカ）
1934 〜 2017 年（病死）

　狂信的なカルト集団が連続殺人を実行するケースが多々あるが、チャールズ・マンソンは、その代表例といえる。

　マンソンは父親の名前を知らず、母親にも何年間も育児放棄されるという不遇な子ども時代を過ごした。少年期から自動車泥棒や小切手詐欺などの軽犯罪を繰り返していた彼は、1958年から連邦刑務所に10年間服役し、67年に再び自由の身になる。

　マンソンが社会に復帰した当時のアメリカは、激化するベトナム戦争に反対して多くの学生たちが反戦デモに参加するなど、既成の秩序が大きく揺さぶられた時代だった。そうした時代背景のなか、マンソンは砂漠のはずれに原始的なコミューンを建設し、彼の信奉者たちとともに集団生活を営むようになる。

　しかし、その実態は、マンソンがドラッグとセックスで若い女性たちを意のままに操るカルト集団であった。

　マンソンは「やがて黒人と白人が殺し合うハルマゲドン（最終戦争）が起きる」と主張。ファミリーに殺人をそそのかす。

　その結果、ロサンゼルス郊外で7人が殺害された。このうちの1人、女優のシャロン・テートは殺害当時、妊娠8カ月だった。

　マンソンには死刑が宣告されたが、その後、カリフォルニア州で死刑が廃止され、同州の刑務所に服役していたが病死した。

ジェフリー・ダーマー（アメリカ）

1960 ～ 1994 年（同じ刑務所に服役中の別の囚人による撲殺）

　連続殺人犯の中には快楽を追求するために遺体を徹底的に破壊するタイプがいるが、ジェフリー・ダーマーは典型的なこのタイプである。

　ダーマーは1978年から1991年までの間に、残酷な手口で17人を殺害した。「ミルウォーキーの食人鬼」という異名からもわかるように、被害者の肉を口にしていたことが話題となった。

　ダーマーは両親の不仲によって暗い幼少時代を過ごしたといわれる。その影響なのか、早くから動物の死体に強い関心を持つようになったという。

　最初の殺人は1978年。19歳のヒッチハイカーを自宅に連れ込み、ダンベルで殴った後で首を絞めて殺している。

　殺人を重ねるごとに彼の「儀式」はエスカレートし、ときには被害者がまだ生きているうちに頭蓋骨に穴を開け、無理やり薬品を注入しようとしたこともあった。

　1991年に逮捕されたダーマーは、裁判で無罪を主張。

　だが、陪審員は「彼には責任能力があった」と判断し、最終的に15回分の終身刑を宣告した。

　だが、94年、ダーマーは同様に刑務所に服役していた囚人によって金属棒で撲殺されている。

クリステン・ギルバート (アメリカ)

1967 ～服役中

　男性と比べると数は圧倒的に少ないものの、女性が連続殺人犯になるケースもある。クリステン・ギルバートもその1人だ。

　犯行時、彼女はアメリカ・マサチューセッツ州の医療センターで看護師をしていた。患者が心臓発作を起こしたときも、冷静に手際よく対処していたことから、病院の同僚や医師たちは彼女を高く評価していた。

　ところが1996年、病院内で患者の容体が急変し、死亡する事件が相次いで起きる。看護師の中にはクリステンに疑いの目を向ける者もいた。彼女が担当の夜になると、決まって患者が心臓発作を起こして死に至るからだ。

　クリステンは患者に薬剤を大量に投与し、故意に心臓発作を起こさせ、その後、率先して蘇生措置を行っているのではないかという噂が広まり、同僚たちは彼女を「死の天使」と呼ぶようになった。

　1998年、クリステンは少なくとも4人の患者の殺害容疑で有罪となり、2001年には終身刑を宣告される（現在も服役中）。

　この事件で特筆すべきは、彼女を起訴する際の「決め手」となったのが統計分析だったことだろう。「患者の死亡率が高かったのは偶然ではなかったのか？」という疑問に対し、統計学の専門家の意見が法廷で採用された最初のケースだった。

理解しがたい犯行動機

菓子パンに針を入れた女性の言い分

　以前、ある救急病院の売店で売られていた菓子パンに "針" が混入された事件がありました。

　犯人はホームレスの中年女性。その病院でずっと寝泊まりしていたところを追い出されてしまい、逆恨みしての犯行でした。たまたま看護師さんが食べたときに気づき、大きな被害はありませんでした。

　私がその中年女性を面接したときには、「私は悪くない。追い出したほうが悪い。世の中にはもっと悪いヤツが大勢いるのに。それに比べたら私のやった行為は全然悪くない」と話していました。

　悪びれもせず、なんて身勝手なんだと感じるでしょうが、これは意外と犯罪者に多い言い訳なのです。

犯罪者は自己を正当化する

　非行少年が自分を正当化する傾向について、アメリカの社会学者のデビッド・マッツァが「漂流理論」を提唱しました。

　この場合の「漂流」とは、非行少年はずっと非合法な文化にいるのではなく、合法的な文化との間をさまよっているという意味です。

　漂流理論では、次の5つの言い訳が紹介されています。

非行少年の苦しい言い訳

責任の否定

「悪い両親に育てられたから」などと、自分には責任がないとする。

損害の否定

「自転車を盗んだのではなくて、借りただけ」などと損害を否定する。

借りただけ

被害者の否定

「先生が僕を傷つけたから殴ったんだ」などと、自分が被害者だと訴える。

非難者への非難

「大人だって悪いことをしてるじゃないか」と自分たちを非難する者を批判する。

より高度な忠誠心への訴え

「仲間が殴られてるのに黙っていられない」と、自分が属する集団を大事にする。

非行少年は自分の取った行動をさまざまな理由（言い訳）で正当化しようとする（デビッド・マッツァ「漂流理論」）。

・責任の否定

・損害の否定

・被害者の否定

・非難者への非難

・より高度な忠誠心への訴え

　たとえば、特殊詐欺（→ 170 ページ）の犯人は、「お金持ちの
お金を循環させて何が悪いんだ」という言い訳をします。

　これは「損害の否定」でしょう。

　私たちがつい口にしてしまう犯罪以外の言い訳も、この 5 つ
の論理のどれかに当てはまります。

「人を殺してみたかった」という動機

　もっとも、上記の 5 つでは説明できない動機もあります。

　その 1 つが、「人を殺してみたかった」というもの。

　男性が犯人の場合は、そうはいっても、やはりどこかに性的
な動機が潜んでいるものです。ところが、女性の場合は本当に
そう考えているようです。

　2005 年、静岡の女子高生が母親にタリウムを飲ませ続け、そ
の経過を観察してブログで公開していたという、衝撃的な事件
がありました。女子高生は有数の進学校に通い、化学部に所属
していたので、薬品に関する知識が豊富でした。

　女子高生と母親の仲は良好で、日記にも母親との確執を書い
た記述は見当たりません。

　一度に致死量のタリウムを注入して殺害するのではなく、少

観察日記をつけていた毒物殺人犯

グレアム・ヤング

イギリスの殺人犯。24歳のときにアンチモン、タリウムなどの毒薬で職場の同僚を殺害。逮捕時に毒物投与の詳細を記録した日記が見つかったが、「執筆していた小説のメモ」だと主張した。1990年に刑務所内で死亡（心臓発作）したが、服毒自殺だという見方もある。

しずつ与えて「足が痛いと訴えている」「脱毛が激しい」「涙をボロボロ流しながら痛い、痛いと泣き叫んだ」のように、冷静に経過を観察していました。

　また、薬に関する自分の知識を自慢する傾向があり、担当医が自分のしていることに気づかない様子を勝ち誇ったように書いている箇所もあります。

　ブログで公開するのは、犯行声明をマスコミに送る劇場型犯罪に似ているかもしれません。

　少女は中学の卒業文集で尊敬する人物として、グレアム・ヤングというイギリスの毒殺犯の名を挙げています。

　彼も日記に毒物を投与したことを書いているので、それをマネしたのでしょう。

犯罪者は人の最も弱い部分を狙う

カルト教団はなぜ信者の心をつかむのか？

　人をだます犯罪者は、軽いネタで少額の金品を奪う詐欺師から、被害者の人生を変えてしまうようなカルト宗教教団まで、さまざまなレベルのものがあります。彼らはコミュニケーション力が高く、言葉巧みに相手を操るテクニックに長けています。

　1978年、南米のガイアナで宗教教団「人民寺院（ピープルズ・テンプル）」の信者900人以上が教祖ジム・ジョーンズとともに集団自殺する事件が起きました。

　人民寺院は人種や貧富の差別のない「理想郷」を目指していましたが、実際には性暴力や拷問、強制労働が教団内にはびこっていました。それが表沙汰になりそうになり、大規模な集団自殺を図ったのです。

　最盛期には5000人近くいたという信者たちは、なぜジョーンズを崇拝したのでしょうか？

　それは、彼が貧しい人々、とくに人種的にマイノリティーだった人たちを受け入れたからでしょう。信者たちは、教団に救いを求めたのでした。

　その後、なぜ多くの人がカルト教団の教えに従うのかという問題について研究が進みました。その結果、生まれたのが「マインドコントロール（→33ページ）」という言葉でした。

　オウム真理教は、日本中を巻き込んだ大規模な事件を起こし、

マインドコントロールが完成するまで

●ステップ1
情報を隠蔽する・嘘をつく
本当の目的を隠して親密な人間関係を築く。断りづらい状況をつくる。

●ステップ2
欲求の扇動と恐怖喚起
カリスマ的人物の人間離れした技などを見せて衝撃を与える。また、「この世の終わりが来る」などと恐怖心を喚起して混乱させる。

●ステップ3
思想の超越性
マルチ商法なら「この商品を使えばあなたもこんなに素晴らしい人生を送れる」と鮮やかな解決策を見せて魅了する。

●ステップ4
リアリティの操作
「こんなに大勢の人が会員になっていい暮らしをしている」などと成功者を見せて安心させる。

●ステップ5
情報、行動、思考、感情のコントロール
実際に利益を与えたり、非日常的な体験をさせたりして納得させる。

●ステップ6
マインドコントロールの完成
閉鎖的な環境に閉じ込めたり、大金を投資させたりして元の生活に戻れなくする。

教祖・麻原彰晃が死刑になったにもかかわらず、今でも弟子たちが活動を続けています。その点からもマインドコントロールを解くのがいかに難しいかがわかるでしょう。

詐欺犯のえげつないだまし方

人をだます犯罪といえば、詐欺が典型的な例です。

詐欺の場合も、これだけメディアで大きく報道され、警察も注意喚起をしているのに、だまされる人があとを絶ちません。

これは「自分は大丈夫」と信じ込む「正常化バイアス」が働くからです。「私は絶対にだまされない」と自信を持っている人ほど、あっさりだまされてしまうのです。

特殊詐欺はまさしく心理戦で、犯人グループはあの手この手で新たな手法を考え出します。

以前、高齢者が、かかってきた電話が振り込め詐欺であることを見破り、警察と協力してだまされたフリをして犯人を逮捕するというケースがありました。すると、今度はそれを逆手にとって「犯人逮捕に協力してほしい」と警察になりすました詐欺犯から現金を盗まれる事件が起きました。

詐欺犯は、人の親切心や弱さまでも容赦なく利用して金品を奪おうとします。たとえば、女性は他者を助けてあげたいという利他心が強い傾向がありますが、彼らはその心理を巧みに利用します。旧来の「振り込め詐欺」は、子どもを心配する親心につけこんだ犯罪でした。

最近では、独身の中高年男性をターゲットにした婚活詐欺が増えているようです。これもまた「孤独から抜け出したい」という心理を利用しているといえるでしょう。

信者を集団自殺に追いやったカルト教団の教祖

ジム・ジョーンズ

南米ガイアナのジャングルに「ジョーンズタウン」という名のコミューンを建設。信者らと自給自足の生活を送っていたが、その実態は財産を没収し、脅迫や暴力、洗脳で信者らの自由を奪うものだった。1978年には918人以上の集団自殺を決行。ジョーンズ自身は拳銃で自殺している。

シニアの恋愛系詐欺の被害者が増えている

異性との交際あっせん名目詐欺
被害男性の年齢層

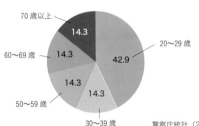

70歳以上　14.3
60〜69歳　14.3
50〜59歳　14.3
30〜39歳　14.3
20〜29歳　42.9

警察庁統計（2019年1〜12月）

異性との出会いを求めて詐欺被害に遭う中高年は少なくない。警察庁の統計では全体の約30％が60代以上。シニアの婚活が増えるにつれて、被害者の数も上昇している。

教師の性犯罪はなぜなくならないのか

絶対的に優位な先生という立場

　教師や警察官、医師、公務員など、いわゆる「堅い職業」の人たちが痴漢や盗撮で逮捕される事件が相次いでいます。

　本来、犯罪を取り締まる（防ぐ）側である人たちが、なぜ自分から加害者になってしまうのでしょうか？

　全国の学校教員による児童・生徒への性犯罪データを集めた結果があります（右図）。

　小学生の低学年の場合、自分が教師からされている行為が何なのか、わからないケースもあるでしょう。そのため、暗数（発生した犯罪のうち統計には現れない数字）を含めれば、実際の認知件数はもっと多いだろうと推測できます。

　教師による性犯罪が多い理由としては、学校の特殊な「閉鎖性」が影響しているのかもしれません。

　子どもを特別教室などに呼び出して、周囲には「教育指導のため使用」と伝えておけば、何が行われているのか、外からはわかりません。

　教師は学校の中で、年齢的にも立場的にも支配的な存在です。また、成績をつける立場にあることから、子どもたちも理不尽な要求を拒めません。こうした構造が、教師が子どもたちをコントロールしやすい状況を生み出しているのです。

　ここで、第1章でご紹介した「日常生活理論」を思い出してく

教師による性犯罪の実態

わいせつ行為が行われた場面

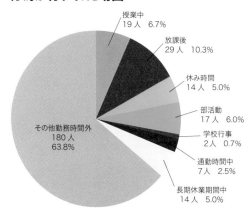

授業中
19人 6.7%

放課後
29人 10.3%

休み時間
14人 5.0%

部活動
17人 6.0%

学校行事
2人 0.7%

通勤時間中
7人 2.5%

長期休業期間中
14人 5.0%

その他勤務時間外
180人
63.8%

わいせつ行為が行われた場所

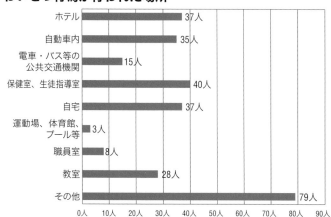

ホテル 37人
自動車内 35人
電車・バス等の公共交通機関 15人
保健室、生徒指導室 40人
自宅 37人
運動場、体育館、プール等 3人
職員室 8人
教室 28人
その他 79人

0人　10人　20人　30人　40人　50人　60人　70人　80人　90人

※文部科学省「平成30年度公立学校教職員の人事行政状況調査について」より。公立の小学校、中学校、高等学校、特別支援学校などにおける教職員の人事行政の状況に関する調査。「わいせつ行為」の定義は強制性交等（強姦）、強制わいせつ、下半身の露出、盗撮、買春など。

ださい。この理論では、「犯罪者」「標的」「監視者の欠如」という3つの条件がそろい、さらに犯罪者に有利な時間的・空間的な要因が重なったときに犯罪が起きると結論づけていました。

　もともと子どもを性的対象とする人が教師になったのか、教師になってからその傾向が強くなったのかは、何ともいえません。しかし、前者であれば、「標的」がすぐ目の前にいるのですから、いつ犯罪が起きてもおかしくない状況がつくられているといえるでしょう。

原因は警察官の特権意識？

　警察官の懲戒処分の理由として最も多いのが「異性関係」。内容は、強制わいせつや盗撮、セクハラなどです（2020年2月13日「時事通信」）。

　以前、下着の盗難被害を訴えた女性が「自分の好み」だとして、捜査の名目で何度も自宅を訪れてわいせつ行為に及んだ警察官が逮捕されました。

　警察は犯罪者を取り締まる側ですから、強い権力を行使しています。そのため、「これぐらいなら許されるだろう」という認知のゆがみがあったのではないでしょうか。

　また、学校や警察には、不名誉な事件があったときに実態を公表せずにウヤムヤにしてしまう隠蔽体質があることも指摘されています。こうした体質が身内の犯罪に対する甘さを醸成している点もあるでしょう。

　残念なことですが、教師も警察官も犯罪を起こし得る同じ人間だということです。

教師や警察は犯罪者になりやすい？

[写真：PIXTA]

教師、警察官、医師、公務員などの不祥事は定期的に報道される。「仕事の過剰なストレス」が原因だともいわれるが、問題はそれだけではない。ターゲットが身近に存在し、監視者のいない状況をつくりやすいことが、犯罪に手を染める可能性を高めているともいえる。

高齢者による犯罪が増えている !?

犯罪者の高齢化が止まらない

　日本は先進国の中でも犯罪が少ないほうですが、高齢者（本稿では 65 歳以上）による犯罪は抜きん出て多い傾向にあります。

　背景にあるのは、やはり高齢化社会の進行でしょう。

　65 歳以上の高齢者は 3500 万人を突破。総人口に占める割合は約 30％に迫る勢いです。これだけ多くの高齢者がいれば、被害者ではなく「加害者」になる人たちもいるでしょう。

　ただ、近年、その割合が非常に高くなっていることが、メディアで繰り返し取り上げられてきました

　実際、法務省が発表している「犯罪白書」によると、1991 年以降、高齢者による犯罪件数は年々上昇しています。

　ただ、ピークは 2008 年（4 万 8805 人）で、これ以降は減少傾向にあります。

　それなら問題はなさそうですが、2016 年以降、全体の犯罪検挙者数の中での高齢者率は、毎年 20％を上回っているのです。これは他の年齢層が減少傾向にあるのとは対照的です。

　なぜ、高齢者が犯罪に走るのでしょうか？

　理由としては、感情の抑制機能の衰え、自己主張や支配性が強くなるといった年齢特有の変化などが考えられそうです。

　あるいは、これまで培ってきた"昭和的"で古い対処法が、ハラスメントに敏感な新しい時代に合わなくなってきたことも

犯罪者の5人に1人が高齢者

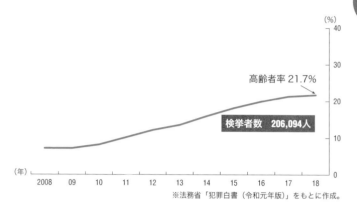

※法務省「犯罪白書（令和元年版）」をもとに作成。

2018年の刑法犯（殺人、強盗、窃盗など「刑法」等の法律に規定する犯罪）の検挙数は206,094人。このうち、高齢者率は21.7%だった（2008年は14.4%）。これが女性だけの統計だと、33.9%まで上昇する。

増える高齢者の万引き

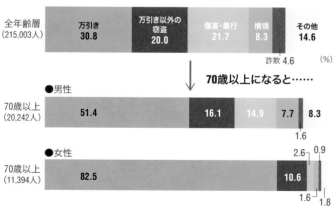

※法務省「犯罪白書（令和元年版）」をもとに作成。

原因かもしれません。

「誰かと話したかった」という犯行動機

　高齢者による犯罪の中で、注目すべきなのは万引きです。

　他の年代では減少しているのに対し、高齢者の万引きだけは年々増加しているのです。また、高齢者による全犯罪の中で、万引きが占める割合も断トツの１位なのです。

　高齢者の万引きでは、女性が寂しさを紛らわせるために犯行を繰り返しているのも大きな特徴です。

　万引きをすれば、誰かと話すことができる。

　つまり、窃盗はあくまでコミュニケーションを得るきっかけであって、生活に困窮して盗んでいるわけではないのです。

　ただ、「なるほど。１人暮らしだから寂しくて万引きをしてしまうのか」と納得するのは、早計です。

　東京都の調査によると、万引き犯の内訳は、１人暮らしが56.4％、親族と同居している場合は41.8％と大きな差は出ていません。家族と暮らしていても会話がほとんどなく、近所づきあいもない。それが、高齢者万引き犯の実態なのです。

　周囲と気兼ねなくコミュニケーションがとれるような環境があれば、高齢者の犯罪は、ある程度防げるのかもしれません。

　日本社会は、今後さらに高齢化が進行していくでしょう。

　そう考えれば、高齢者の犯罪は、誰にとっても他人事ではない問題なのです。

高齢者の万引き犯　5つのタイプ

タイプ1
少額・食品型

70代。野菜や果物などの生鮮食品から、カップ麺などの幅広い種類の食品を盗む。盗んだ品物の総額がそれほど高額にならないのが特徴。

タイプ2
若年・高額型

60代後半。高齢者の中でも比較的若い年齢層。カミソリや歯みがき粉などの洗面用具や化粧品など、他のタイプよりも、被害総額が大きいのが特徴。

タイプ3
工具・酒類型

ホームセンターでカッターナイフやボンドなどの比較的安い工具類を盗む。また、焼酎や日本酒、調味料などを盗むこともある。

タイプ4
嗜好品型

80代前半。チーズなどの発酵食品や、ようかん、チョコレートなどの菓子類を盗む。生活必需品というより、なくても困らない嗜好品に手を出す。

タイプ5
弁当・惣菜型

80代後半。ショッピングセンターなどでおにぎりなどを含む弁当や惣菜を盗む。

※『高齢者の犯罪学』「第7章　高齢者による窃盗」越智啓太編著（誠信書房）をもとに作成。

犯罪者は生まれ変われるか?

性犯罪者の更生プログラム

罪を犯した人は、更生できるのか?

これは非常に難しいテーマです。

日本では検挙される人の総数は年々減っていますが、検挙された人のうち、再犯者の割合は 2018 年で約 5 割。また、5 犯以上の犯罪を繰り返している人は約 3 割。刑務所を出所した人の約 4 割が 5 年以内に再び罪を犯して入所するというデータがあります（法務省「犯罪白書」、警察庁「警察白書」、及び 2016 年 11 月 1 日付「日経新聞」）。

こういったデータを見ると、犯罪者が更生できているといえるのかどうか、非常に疑問です。

社会の中には、前科者に対する偏見も根強くあるので、なかなか社会になじめないといった事情もあるのでしょう。

もちろん、刑務所では規則正しい生活や刑務作業などを通して、自己の内面を省みたり、社会復帰を目指したりする環境を整えてはいます。しかし、犯罪の種類は人それぞれなので、一律の対処法で更生させるのは、やはり限界があるでしょう。

更生プログラムが導入されている犯罪も一部あります。

その 1 つが性犯罪。2006 年から受刑者に性犯罪再犯防止指導が行われるようになりました。これは認知行動療法にもとづくプログラムで、性犯罪者特有の偏った考え方（認知のゆがみ）

上昇する再犯者率

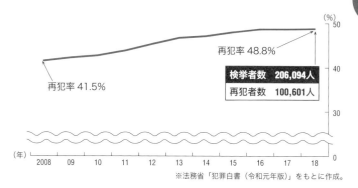

再犯率 48.8%

検挙者数	206,094人
再犯者数	100,601人

再犯率 41.5%

(年) 2008 09 10 11 12 13 14 15 16 17 18

※法務省「犯罪白書（令和元年版）」をもとに作成。

検挙された刑法犯（殺人、強盗、窃盗など「刑法」等の法律に
規定する犯罪）の中で再犯者が占める割合。2018 年の再犯者
は 100,601 人で全体の 48.8％となった。10 年前の 2008 年の
41.5％より 7.3％上昇している。

世界で最も人道的な刑務所

©Justis- og politidepartementet - Halden fengsel

ノルウェーのハルデン刑務所は「世界で最も人道的な刑務所」とし
て知られている。写真のように、受刑者の部屋にも鉄格子は入って
いない。受刑者に一般人と同様の生活をさせ、社会復帰を促す狙い
だが、一方で「犯罪者を甘やかしている」という批判もある。

の矯正を目的としています。

　この指導は、2004年に起きた奈良女児殺害事件（小1女児が誘拐されて殺害された事件）がきっかけとなって、法務省が導入しました。事件を起こした小林薫（2013年死刑執行）には、幼児に対する強制わいせつの前科があったからです。

　認知行動療法をベースにした治療法には、他にもクレプトマニア（窃盗症）を対象としたものがあり、民間の病院で治療を受けることができます。

　性犯罪再犯防止指導は、次のような手順で行われます。

①自己統制する

　衝動的な行動に出た要因を特定して、再び犯罪を起こさないように自分をコントロールする計画を立てる。

②認知のゆがみに気づく

　偏った認知であることを理解し、修正する。

③行動変容を促す

　自分が衝動的な行動をしそうになったら、深呼吸などをして行動を変える。

④被害者の感情を理解する

　被害者の手記を読んだり、被害者のことを自分や家族に置き換えたりして考える。

　ただし、心理学的な手法のみで犯罪が更生されるわけではありません。生物学的な要因が強い攻撃性や性衝動の抑制などは、やはり薬物投与や解剖学的な対応が必要になるでしょう。

　しかし、人権上の問題もあって、確かなエビデンスにもとづ

く療法は完全に確立されていないのが現状です。

性犯罪再犯防止指導は、2018年3月までに延べ5548人の受刑者に受講されました。ところが、再犯率は受講者で12.8%、非受講者15.4%という結果になりました。法務省も「有意な差はない」としています。

まだまだ改善の余地がある試みなのでしょう。

なお、殺人犯や詐欺犯に対する更生プログラムは、有効な手法がまだ確立されていません。とくに経済犯や詐欺犯は、認知の修正だけで対処できるようなものではないのです。

刑務所の目的は処罰か更生か

日本の刑務所は処罰を与える場ですが、海外では更生を目的にしているところも多々あります。

たとえばフィンランドの刑務所は、建物のまわりに壁や有刺鉄線がなく、代わりに低い柵があるだけ。

日本だったら、まず受刑者の逃走を恐れるでしょうから、絶対に採用されない構造でしょう。

ノルウェーのハルデン刑務所では、受刑者が料理やビデオゲーム、バスケットボールを楽しんだり、高級ベッドで眠ったりすることもできます。アメリカ・シアトルの刑務所内では、受刑者同士が談笑するスペースがあり、驚きました。

犯罪者の更生を見直すのなら、刑務所のあり方について改めて考える時期に来ているのではないでしょうか。

また、刑務所を出た後の社会での受け入れ態勢の充実や、社会内処遇の制度の確立も今後の課題だといえます。

天国と地獄

黒澤明監督／1963年／日本

模倣犯を生んだサスペンス映画の傑作

◆取り違え誘拐から始まる犯人追跡劇

「天国と地獄」は黒澤明監督がエド・マクベインの小説を下敷きに仕上げた社会派サスペンス映画です。

製靴会社の重役・権藤金吾（三船敏郎）の家に、若い男から電話がかかってきます。

「あんたの子どもを誘拐した」

ところが、権藤の子どもは邸宅内にいます。

犯人（山崎努）は勘違いをして、権藤の運転手の子どもを誘拐してしまったのでした。

それでも犯人は身代金3000万円を要求。権藤から通報を受けた警察は、変装して邸宅に潜入することに成功します。

警察は身代金を払うように権藤に勧めますが、彼はその申し出を拒否。社内での立場を有利にするためには手放すことのできない金だったからです。

結局、権藤は身代金を支払うことに同意。受け渡しのために、自ら現金の入ったカバンを持って特急に乗り込みます。

犯人は、電車内に電話をかけ、途中の鉄橋を過ぎたあたり

で金が入ったカバンを窓から投げ落とすように指示。権藤は洗面所の窓の隙間からカバンを投げ落とすのでした。

　やがて、誘拐された子どもは無事に帰ってきますが、身代金を奪われた挙げ句、誘拐犯は逃走。警察は全力を挙げて犯人の行方を追跡する……というストーリーです。

「天国と地獄【東宝DVD
名作セレクション】」
DVD 発売中
発売・販売元：東宝

◆相次いで起きた模倣事件

　黒澤監督は、誘拐罪に対する刑が軽すぎることに疑問を持って、この映画を制作したといいます。ところが皮肉なことに、映

コラム
映画と犯罪②

画は手口を模倣した事件を引き起こしてしまいました。

映画公開と同年の 1963 年、東京で起きた吉展ちゃん誘拐殺人事件では、犯人である小原保が「天国と地獄」の予告編に影響を受けて犯行を思いついたと証言。その後も新潟（1965 年）、名古屋（1980 年）をはじめ、複数の模倣犯が生まれました。

さらに、未解決事件となったグリコ森永事件でも、現金の授受に「天国と地獄」にヒントを得たと推測される指示があったことが知られています。

この映画でさらに特筆すべき点は、捜査の様子が正確に描かれていることでしょう。

身代金の要求電話がかかってきた後、権藤邸に詰める警察が犯人を追い詰めていく過程は、細部に至るまでリアリティがあり、ラストまで緊張感を途切れさせることがありません（韓国映画「殺人の追憶」と比較すると、日本と韓国の警察事情の違いがわかって面白いかもしれません）。

なお、最近では身代金目的の誘拐事件の数は減少しています。最大の理由はリスクでしょう。映画と違って、現実には犯人が身代金や人質の受け渡しなどで捜査員の目を逃れることは困難です。防犯カメラの整備が進む現在ではさらに成功率は低く、誘拐はあまりに「割に合わない」犯罪となったのです。

第 3 章

犯罪者はどのように
追い詰められるのか

警察はどのように捜査を進めるのか?

事件発生!　そのとき警察は?

　犯罪捜査は、逃げ切りたい犯人と、残された手がかりから事件を解決しようとする警察官との心理戦です。

　では、不幸にも事件が起きてしまったとして、警察はまず何をするのでしょうか?

　警察への第一報（110番通報）は、東京なら警視庁、道府県では道府県警が受け、現場の最寄りの警察署につなぎます。

　次に、最寄りの警察署の署員や交番の巡査が現場に駆けつけ、事件が確認されたら、所轄の刑事、鑑識係、場合によっては、重大事件の初動捜査を担当する機動捜査隊が出動することもあるでしょう。容疑者が事件現場や周辺にいるときは身柄を確保し、ケガ人の救護も行われます。そして、周囲を厳重封鎖した後、捜査が始まります。

　捜査が始まると、鑑識係は現場の証拠品を徹底的に収集。刑事は通報者や目撃者への事情聴取や周辺の住民への聞き込みを行います。防犯カメラの映像提供を管理者に求めることも、初動捜査のアクションとしては欠かせません。

　なお、事件現場での警察の行動は、国家公安委員会によって定められた「犯罪捜査規範」によって細かく決められています。この規範には、日本の警察官が犯罪の捜査を行うにあたって、守るべき心構えや捜査方法、手続きなどが定められています。

110番は17秒に1本

警視庁管内では1日平均約5000件の110番通報を受理する。これは約17秒に1件の割合。ただし、東京都によれば、このうち約34%は「いたずらや問い合わせ、相談といった緊急性のない内容」だという。

犯罪捜査にもルールがある

捜査を行うに当たっては、被害者、またはその親族の心情を理解し、その人格を尊重しなければならない（第10条2）

遺留品、現場指掌紋などの資料を発見したときは、年月日時及び場所を記載した紙片に被害者または第三者の署名を求め、これを添付して撮影するなど証拠力の保全に努めなければならない（第92条）

犯罪捜査規範

警察官は、被疑者、被害者その他事件の関係者と親族その他特別の関係にあるため、その捜査について疑念をいだかれるおそれのあるときは、上司の許可を得て、その捜査を回避しなければならない（第14条）

※条文の旧仮名遣いや言い回しは一部修正した。

「犯罪捜査規範」は警察官が犯罪捜査を行う上で守らなければならないルールのこと。1957年に制定された。また、2018年には、司法取引の導入のために一部が改正されている。

現場での行動は裁判の重要な起訴材料を得られるかどうかを左右しますから、規範に違反する行動は許されません。

鑑識は現場の証拠を漏らさず収集する

では、捜査手順をもう少し詳しく見ていきましょう。

最初に行われるのは鑑識係による物的証拠の収集です。

よく、ドラマや映画では、刑事が警察手帳を見せながら黄色いテープをくぐってさっそうと登場するシーンがあります。

しかし、これはドラマの中だけの話。

鑑識係が調べているときには現場を荒らさないという鉄則がありますから、実際にはこんなことはあり得ません。

事件現場が犯行時のままの状態で保存され、証拠採取が終わるまでは、刑事であろうと現場には入れないのです。

事件の証拠には、聞き込みなどによって得られる人的証拠と、鑑識によって収集される物的証拠の2種類があります。

物的証拠には遺留品や、指紋、足跡、微物（毛髪、繊維片など）、DNA鑑定を行うための血液や体液、肉片などがあります。

証拠採取は被害者の家族や近所の人などが立ち会って進められます。このとき、鑑識の写真係が同行して証拠写真を撮影するのも、現場検証の大きな特徴でしょう。所定の用紙に立会人が署名、捺印した個票を置いて、この場所に指紋、この場所に足跡……という具合に指で示しながら写真を撮るのです。

これは、第三者が見て、警察の鑑識が物的証拠を適正に採取した（捏造ではない）とわかる証拠を残しておくため。これがないと、有力な物証でも裁判で証拠として認められないのです。

鑑識は誰よりも早く現場に駆けつける

［写真：フォトライブラリー］

鑑識は事件現場に刑事より先に駆けつける。テレビドラマなどで、鑑識が物的証拠を収集中の現場に刑事が入っていくシーンがあるが、多くの場合、証拠保全のために立ち入りが禁止される。

DNA 鑑定に使われるサンプル

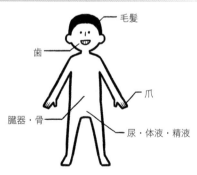

この他、歯ブラシや吸い殻、ひげそり、また、飲みかけのペットボトルや使用済みのストローなどもサンプルになる。

指紋採取で家中が真っ白に？？？

物証で最も重要となるのが事件現場の「指紋」でしょう。

あらゆるものから指紋を採取するので、窃盗犯に入られた家などは家中粉だらけになります（もちろん、採取後に鑑識係がきれいに掃除します）。その中から家族や知人、捜査員などの指紋を除外して、そこに付着するはずのない指紋を見つけ出すのです。

指紋の採取方法には粉末法、液体法、気体法、写真撮影法などがありますが、よく知られているのは粉末を使う方法でしょう。指紋がある場所にアルミニウム粉末、石松子、炭酸鉛、穀粉などを混ぜた粉末を刷毛で付着させて採取します。

現在では、技術の進歩により、水没した凶器から指紋を採取する技術も開発されています。

個人を特定するのは「指紋」だけではない

指紋の形は1人ひとり異なり、一生変わらないといわれています。警視庁が指紋の採取を始めたのは1912（大正元）年ですから、指紋鑑定には長い歴史があります。

指紋といえば、真っ先に両手の指先の指紋をイメージするかもしれません。しかし、手のひらにある掌紋、足の裏の足紋も、終生不変で1人ひとり違うため、指紋と同じように犯人の特定に使われています。

指紋の鑑定は、指紋のすべてのパーツを照合させるわけではありません。形状や隆線の特徴点（開始点、終止点、分岐点、接合点）、相互の位置関係などを比較し、現在は12点の特徴が

指紋鑑定で見られるポイント

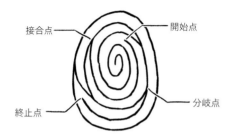

指紋は1人ひとり異なるもので、生まれてから死ぬまで変わらない（終生不変）ため、個人の特定に採用されている。鑑定では、2つの指紋において、上のような線（隆線という）上の特徴や位置などが一致するかどうかが確認される。

指紋採取で使われる白い粉の正体は？

［写真：フォトライブラリー］

指紋採取をする際の白い粉は、石松子やアルミニウム粉などの混合物。「石松子」とはヒカゲノカズラという植物（写真）の胞子で、果物の人工授粉を行うときに花粉の増量剤としても使用される。

一致すれば同一とみなすことになっています。犯人が初犯の場合は容疑者が逮捕されるまで指紋の照合はできませんが、再犯者の場合はコンピューターのデータベースですぐにヒットします。

足跡から犯人の身長がわかる

犯行現場の指紋は消せても、足跡は"空中移動"でもしない限り消すことはできません。

足跡はやわらかい土の上に残ったものだけでなく、床やじゅうたんを靴下（裸足）で歩いた跡も、現場にしっかりと残されています。ぬかるんだ道や土の地面では石膏を流し込んで、また、室内やコンクリート、アスファルトなどの場合は、特殊なライトを当てて場所を特定してから粘着シートで採取します。

鑑識は、足跡から犯人の数や身長を割り出します。

また、靴底の模様からメーカーを特定したり、侵入経路や逃

事件を雄弁に語る現場の足跡

現場の足跡からは、靴のメーカー、容疑者の身長や性別、逃走方向など豊富な情報が得られる。

走ルートを推測したりすることも可能です。

こうした作業によって容疑者が特定されたら、次はどうするのでしょうか？

まずは、いわゆるガサ入れ（家宅捜索）をして、容疑者の所有している靴・靴下をすべて押収します。

足跡には、その人の歩き方の「癖」が現れるもの。体重のかけ方や歩き方によって、靴底の減り具合は変わってきます。

そこで、現場に残された足跡の特徴が、容疑者が所有している靴によるものかどうか、1足ずつ調べていくのです。室内の場合は、現場に残された靴下跡の「編み目」と合致する靴下を探し出すなど、地道に証拠品を探し出していきます。

吸い殻に付いていた唾液から犯人を特定

最新の科学技術使った捜査手法として、世界的に広く実用化されてきたものといえば、DNA鑑定でしょう。

現在、日本の警察で行われているDNA鑑定の手法は、おもに「STR型検査法」と呼ばれる方法で99.999％の確率で個人を特定できるといわれています。

現場から採取するデータは、血痕や尿痕、汗、体液など。

これらからDNAを採取して、犯人を特定します。

2005年に京都市伏見区で起きた強盗致死事件では、現場に落ちていたタバコの吸い殻に付いていた唾液のDNAから容疑者が特定され、逮捕に至りました。

髪の毛1本からでもDNA鑑定ができるというイメージがありますが、今のところは抜け落ちた髪で分析するのは難しいようです。

取り調べはどのように行われる?

取り調べでカツ丼が出ない理由

　容疑者が特定され、実行犯である可能性が濃厚になると、警察は任意同行を求めます。そして、取り調べという形で容疑性が高いのかどうか、また、犯行を認めたとしたら、どういう経緯で事件が起きたのかを明らかにしていきます。

　ちなみに「任意同行」は、言葉通り「任意」なので、拒否することもできます（ただし、断っても同行の要請は一度では終わりません）。

　では、犯罪者は、取り調べの中でどのように自分の罪を認めるようになるのでしょうか?

　ここでは、よくある刑事ドラマのワンシーンをもとに、実際の取り調べについてご説明していきましょう。

　昔の刑事ドラマでは、取り調べ中にカツ丼を出して容疑者に食べさせる……というシーンがありましたが、そんなことは実際にはありません。

　もし、そんなことをしたら、「容疑者を物で買収したのではないか?」と疑われて、たとえ重要な供述を引き出しても、裁判で証拠として採用されなくなる可能性があります。

　もし、容疑者が飲食を希望するときは、容疑者自身がお金を出して、買ってきてもらうのが一般的です。

　ドラマといえば、目撃者に来てもらってマジックミラー越し

取り調べは職人技から心理学手法へ

［写真：PIXTA］

取り調べの可視化が進むなか、容疑者を恫喝したり、誘導尋問をしたりする取り調べは激減している。現在では、容疑者から自白を引き出すために、科学的な手法の取り調べが導入され始めている。

に容疑者の顔を確認してもらう場面があります（面通し）。

　一見、嘘のようですが、ドラマの演出ではありません。

　実際、各警察署にはマジックミラーが設置された部屋が一部に用意されています。

聴取を仕切るのは1人の取調官

　日本では、自白は「証拠の王」と呼ばれるほど重要な役目を果たします。有力な物的証拠と状況証拠があっても、自白がなければ検事が不起訴にする場合もあるほどです。

　そういう意味では、取り調べでいかに容疑者の自白を獲得するかは、刑事や検事の腕の見せどころだといえるでしょう。

　犯罪の嫌疑をかけられた人は、1人で警察や検察での取り調べに臨むのが一般的です。

海外では取り調べに弁護士を同席させる権利を法律で認めていますが、日本の法律ではまだ認められていません。

　取り調べに弁護士の立ち合いを認めるかどうかは、警察官や検察官が事案に応じて判断することになっていますが、ほぼ認められないのが実状です。

　ちなみに、刑事ドラマでは「良い警官・悪い警官」が一組になって、取り調べを行うシーンがよく描かれます。

　1人が「さっさと言え！」と脅し、もう一方が「まあまあ」となだめ、脅しではなく"情"で落としていくという、あのパターンです。

　実は、これは実際の取り調べとは大きく異なります。

　通常は、聴取を仕切るのは1人の取調官。容疑者と対話をしながら、その結果をパソコンで記録をしていきます。

取り調べは1日に8時間以内

　取り調べを受けている間、容疑者は留置所に入れられています。留置所から取調室に移動するときは、逃亡しないように手錠をかけられ、腰に縄をつけられた状態で連行されますから、普段の生活では経験することのない気持ちになるでしょう。

　警視庁は2008年に「警察捜査における取調べ適正化指針」を発表。不正な取り調べが行われないようにする取り組みを進めています。この指針によると、取り調べは基本的に1日8時間以内。深夜には行わないことや、容疑者の体に接触しないことなどが定められています。

　取り調べを担当する刑事は、刑務課に「○時から○時まで取り調べします」と署名をし、当該部署の印を受け取らないと、

取り調べで禁止されている行為

・容疑者の体にふれる

・机をたたく、物を投げる（有形力の実行）

・ずっと正座をさせるなど、一定の動作、姿勢を要求する

・「死ね」「カス」など尊厳を傷つける言葉を使う

※警察庁「警察捜査における取調べ適正化指針」より。

容疑者を留置所から出すことができません。

　また、決められた時間が過ぎると、刑務課の担当者がやってきて、すぐに留置所に帰すように警告するようになったので、自白の強要を生み出さない制度が整ってきました。

　証拠を出して理詰めで自供をさせるのも効果的ですが、感情に訴えかけるのも、同じぐらい効果的です。否認や黙秘を貫いていた容疑者が、「この刑事さんに洗いざらい話せば楽になれるかもしれない」と、自供するケースも多いようです。

　ただ、適正な取り調べを行う上では、自供のプロセスが客観視できなければいけません。近年では、ビデオ録画による取り調べの可視化が推進されています。

　なお、取調官が容疑者の話を聞いて調書を書いても、最終的に容疑者がサインをしなければ調書として認められないことになっています。

目撃者の証言はどこまで信用できる?

目撃情報は質問によってゆがめられる

　事件が起きたとき、人的証拠の1つとして必ず集められるのが目撃証言です。現場を偶然目撃した人に話を聞いて、事件の日時や現場の状況、容疑者の顔や体の特徴、乗っていた車の種類など、できるだけ多く情報を得ようとします。

　ただ、そこで忘れてはいけない大前提があります。

　それは、人間の記憶が決して正確ではない、ということ。

　たとえば、コンビニでいきなり刃物を突きつけられて「金を出せ!」と言われたときに、脅された人が相手の顔をよく覚えていないことがあります。カウンター越しに対面しているにもかかわらず、です。

　そんなことが、あり得るのでしょうか?

　人間は、自分の命に関わるようなもの（この場合は刃物）が目の前にあると、そこに注意が集中するため他のものは記憶に残りにくいという傾向があるのです。

　これを「凶器注目効果」といいます。

　目撃証言の研究は、アメリカの心理学者エリザベス・ロフタスによって犯罪心理学のフィールドの定番になりました。「あなたが見たのはこの人ですね?」というように、ある答えを導くような質問を何度も繰り返すと、目撃者が証言を変えてしまうことがわかったのです。

なぜ犯人の顔を覚えていないのか？

強盗や殺人などの現場において、犯人が凶器を持っていた場合、人相や身体的特徴に関する記憶があいまいになってしまう。この現象が、凶器注目効果。

　また、自動車事故を目撃した人に、「接触したときのスピードは何 km くらい？」と質問した場合と、「激突したときのスピードは何 km くらい？」と質問した場合では、「激突」と質問された人は 10km 以上速いスピードを答える傾向がありました。

　このように、質問者のちょっとした言葉の使い方によって、目撃者が事件そのものの記憶を変えてしまうことを「事後情報効果」といいます。

偏見が生み出す誤った目撃情報

　私たちが一般的に持っている考え方が、記憶に影響を与えることがあります。それが顕著に示されたのが、1947 年にアメリカで行われた実験でした。

　この実験では、複数の被験者を集めて 1 つのグループにしました。そして、地下鉄で座っている乗客と、その前にスーツ姿

の黒人とひげそり用のカミソリを持った白人が描かれた絵を用意して、グループの中の1人に短時間見せました。

次に、絵を見ていない人にその内容を伝言して、7番目の人にどんな絵なのかを話してもらうという内容でした。

すると、半数以上の人が「黒人がカミソリを持っていた」と言ったのです。

なかには「黒人がカミソリを乱暴に振り回していた」「カミソリで白人を脅していた」と言った人もいました。

この発言からは、黒人は貧しくて犯罪を起こしやすいという偏見が垣間見られます。そして、その偏見が誤った情報となって語られたのでしょう。

半世紀以上前の実験ですが、人間の先入観が事実をゆがめてしまう可能性があることは、多くの人が知っておくべきことなのではないでしょうか。

事件の目撃証言でも同じようなことが起こる可能性は十分にあると考えられます。

捜査に貢献する似顔絵捜査官

目撃証言をもとにつくられる似顔絵は、現在もよく利用されています。防犯カメラの映像は不鮮明な場合が多く、必ずしも容疑者を特定できるとは限りませんが、似顔絵をつくって公開したところ、警察に情報が集まったというケースもあります。

似顔絵は目撃者から話を聞いて、警察の中の似顔絵捜査官が作成します。似顔絵捜査官がいるのは鑑識課です

似顔絵は目撃者の話からニュアンスをうまくフィードバックして描くのがポイントです。そうすると、あいまいだった記憶

記憶は先入観によってねじ曲げられる

Fig. 1. Copy of the subway scene used in the original Allport and Postman (1945, 1947) study.

オルポートとポストマンによる心理学実験。最初に上の絵を見た被験者が、別の被験者に内容を伝言していくうちに、白人が持っていたカミソリは黒人が持っていたことになり、黒人が白人を脅していたという内容に変わっていった。

がだんだん思い出されてくる効果が期待できます。

　ただ絵がうまいだけでは犯人の容貌を再現することは難しいので、それぞれの警察管区、警察大学校で似顔絵捜査官になるための専門のトレーニングを受けます。

　プロのイラストレーターの授業を受けたりベテランの似顔絵捜査官からノウハウを聞いたりする授業もあるそうです。

犯罪者プロファイリングとは何か?

捜査をサポートするプロファイラー

「プロファイリング」という言葉は、ドラマや映画で広く知られるようになりました。プロファイリングそのものは幅広い概念で、捜査に活用される手法は、厳密には「犯罪者プロファイリング」というのが正しい呼称です。

犯罪者プロファイリングのプロとして、専門的な訓練を受けた人はプロファイラーと呼ばれます。

プロファイラーは各都道府県の科捜研(科学捜査研究所)に配置される職員で、警察官ではありません。プロファイラーは「心理研究員」とも呼ばれ、全国に約130人が在籍しています。その多くは大学院などで心理学を学んだ人たちで、同じ訓練を受けた警察官と共同で情報の分析にあたります。

犯罪者プロファイリングの目的は犯人を特定することではなく、あくまでも情報を提供して効率よく捜査が進むようにサポートすることです。

犯罪者プロファイリングの対象となるのは、おもに連続して発生している性犯罪、放火、通り魔事件など、犯行状況の情報が多い事件や犯人の行動に特徴がある事件です。

日本の犯罪史と犯罪者プロファイリング

日本で犯罪者プロファイリングへの関心が高まったのは、「東

犯罪者プロファイリングを知るためのガイドブック

[写真：早川書房]

FBI 心理分析官――異常殺人者たちの素顔に迫る衝撃の手記
ロバート・K. レスラー、トム・シャットマン（著）／相原真理子（訳）
ハヤカワ・ノンフィクション文庫

FBI 行動科学課の特別捜査官で、数々の異常殺人事件を解決した著者が、シリアルキラーたちの心理を探った傑作ノンフィクション。「プロファイリング」という言葉が世界に広まるきっかけとなった。

京・埼玉連続幼女殺人事件」（→ 57 ページ）からです。

　次々と少女が狙われただけでなく、犯人がマスコミに直接犯行声明を送りつけるなど、社会に大きな衝撃を与えた事件だったことから、海外で連続殺人やレイプ、誘拐殺人などの捜査に採用されていた手法が注目されたのです。

　日本で犯罪者プロファイリングに正式に予算が付いたのが1995 年。この 2 年後に「神戸連続児童殺傷事件」（→ 52 ページ）が起きました。

　当時の兵庫県警捜査本部は、同事件を受けて、県警科学捜査研究所を中心に心理面の分析班を編成。そこで多数の心理学者から「遺体を切断する犯人は、過去に小動物などで試しているケースが多い」「アメリカの連続殺人者にも動物虐待がよく見ら

れる」などの意見が寄せられました。

　当初「大学レベルの教育を受けた人間の文章」と見られていた文章も、意識的に難しい漢字を使っているが基本的な漢字を間違えていることや筆跡が幼いこと、細かい語法の誤りなどから「中学生でも書ける」という分析が出されました。

　この結果を受けて、捜査本部は「猫を殺して遺体を切断した中学生がいる」という情報に改めて注目。逮捕の2週間前には少年を容疑者と判断して捜査を進めました。

　本格的な犯罪者プロファイリングによって殺人事件の容疑者が絞り込まれたのは、日本の捜査では初めてのことでした。

犯罪者プロファイリングの3つの分析手法

　犯罪者プロファイリングには、事件リンク分析、犯人像推定、地理的プロファイリングの3つの分析手法があります。

　事件リンク分析は、犯罪者の人物像と次の行動を予測するもの。ひったくりが多発しているときなどに、犯行の手口や被害者の証言などからそれが同一犯によるものか否かを分析します。

　犯人像推定は、過去の似たような事件のデータを分析して、犯人像をあぶり出します。

　たとえば、「連続殺人の犯人は男性で単独犯が多い」「連続放火の犯行圏内が最大300m以内の場合、女性が犯人の可能性が高い」「殺人の被害者が男性なら、犯人は9割以上男性」「スリは再犯率が高い」など、過去のデータと集められた情報を重ね合わせることで、容疑者の可能性が高い人物像を推測します。

　一方、地理的プロファイリングは、犯人の生活拠点と次の犯行地の推定が中心。地理的プロファイリングのもとになってい

るのは、連続した犯罪では犯行地点の最も離れた２地点を結んだ円の中に犯人の居住地があるという「サークル仮説」です。これまで、連続強姦事件では86.7％、連続放火事件では72％がこの仮説の通り、円の内側に住んでいました。

2015年に近江八幡市で起きた連続強制わいせつ事件では、目撃情報が少なかったものの、地理的プロファイリングと性犯罪に関するプロファイリングから、容疑者を絞り込みました。「年齢は20代」「仕事を持っている」、次の犯行場所の可能性が高い場所を「県道沿い」「（ある場所の）踏み切り付近」と推定し、この情報をもとに捜査員が県道沿いを重点的にパトロールしたところ、女性の下半身をさわって逃げた男を現行犯逮捕。その後、同様の手口の事件は起きなくなりました。

AIを使った犯罪者プロファイリング

警視庁には過去の事件のデータを集めた犯罪データベースCIS-CATSがあり、犯行の手口、目撃証言、被害者写真データなど、過去の事件に関するさまざまな情報が保存されています。プロファイラーは、このデータを使って一定の行動パターンを持つ犯人像と行動範囲を推定します。

現在、犯罪者プロファイリングは、人工知能（AI）とビッグデータを組み合わせて犯罪を予測し、結果的に事件・事故などを減らす「パブリックセーフティ」の方向へ向かっています。これは世界的な流れといっていいでしょう。

日本でも、私が研究協力をしているシンギュラーパータベーションズ社では、犯罪予測ソフトウェア「クライムナビ」を開発し、その効果が認められています。

犯罪者がとる行動パターンとは？

対人暴力と動物虐待の関係

犯罪者は、独自の論理に従って、極めて合理的に行動します。それは、私たちが「買い物」をするときの行動とそれほど変わりません。

この行動原理を調べた結果から、特定の犯罪には共通のパターンがあることがわかりました。

凶悪事件の犯人が、事件以前に動物に対する虐待行為を繰り返していたというエピソードはたびたび耳にします。

日本の少年院で行われた調査によると、動物虐待の経験があると答えたのは、非暴力系の犯罪少年が55％、暴力系の犯罪少年が80％という結果が出ました。一般の中学生の回答が40％ですから、対人暴力と動物虐待とが密接に関わっていることが予想される結果となったのです。

ただし、逆もまた真ならず。動物虐待をしたからといって、必ず凶悪犯になるわけではありません。

犯罪者が下見をするというのも有名な話。

空き巣は盗みやすい家があるかどうかを事前に見て回り、盗んだ後の逃走ルートもシミュレーションします。

下見のときは、服装を変えてビジネスマンや宅配業者になりすましているため、不審人物だとは誰も気づきません。

下着泥棒も「洗濯物が見えたから盗んだ」というケースは実

空き巣が " 下見 " で注目するポイント

空き巣は生け垣に花が咲いている家や、庭に鉢植えを並べている家を敬遠する。花は人に注目されるアイテムであり、外部の人から異変に気づかれやすいことが理由。また、庭の手入れが行き届いている＝家の周囲にも気を配っているということを示している。

は少数派。気になる女性を見つけると、しばらくその行動を観察して自宅を特定し、女性が家にいない時間帯に侵入して盗むという手口がとられます。

このように、犯罪者は常に犯行のタイミングを狙っていて、突発的に犯行に及ぶことは、意外と少ないのです。

「犯罪者は現場に戻る」とまことしやかに言われますが、犯行現場に戻るのはリスクが高すぎますから、普通は近づきません。

ただし、連続放火犯は、暗闇の中に炎が上がるのを眺めて「成果」を鑑賞します。さらに、騒いでいる人たちを見て、成し遂げた仕事の達成感を味わう場合があります。

防犯カメラで犯罪は減らせるのか?

中国の徹底的な監視社会

日本の防犯カメラは全国で500万台ぐらい設置されているといわれています。

対して、お隣の中国では2億台もの防犯カメラが設置してあり、2022年には27.6億台に達するそうです。顔認証システムも発達しており、犯罪抑止に役立っていますが、プライバシー皆無の状態になりつつあります。

たとえば、信号無視をしている歩行者の顔をリアルタイムで大型のスクリーンに映し出し、名前や個人情報も同時にさらします。これにより、信号無視が減っただけではなく、窃盗やスリなどの犯罪も激減しているので、防犯カメラは使いようによっては犯罪者にとって脅威になります。

日本で2002年をピークに街頭犯罪が減っているのは、防犯カメラが普及したことが1つの要因だと考えられています。

しかし、犯罪の撲滅のために市民のプライバシーを犠牲にすれば監視社会を生み出すことにもなります。

過度な防犯カメラの活用には十分な議論が必要でしょう。

防犯カメラがあれば安心とは限らない

犯罪者が犯行の下見をする際に、防犯カメラの位置や有無を入念にチェックする場合があります。

防犯かプライバシー保護か

[写真：123RF]

防犯カメラには高い犯罪抑止効果がある。だが、一方で、プライバシーの侵害にあたるのではないかという、慎重な意見も。

　2019年に神奈川県川崎市で小学校の児童ら19人が刃物を持った男によって次々に殺傷された事件がありました。

　報道によると、この犯人も事件前に現場の下見をしていたといわれています。ところが事件当日の行動は、すべて防犯カメラに映っていました。これは何を意味するのでしょう？

　犯人は最初から逃走するつもりがなかったのかもしれません。このように、犯人が捕まることを恐れない場合には、防犯カメラは抑止力にはならないのです。

　そもそも、防犯カメラは犯行後に犯人を特定するために使われるものです。犯罪者がカメラの存在に気づいて犯行を踏みとどまるということは当然あり得るでしょう。しかし、最近の凶悪犯罪を見る限り、無謀な行為を未然に防ぐものにはなっていません。

犯罪者を寄せつけない街づくり

犯罪のない環境を自分たちの手で

　自分たちが住む地域を自分たちで守り、犯罪のない環境をつくっていこうという地域防犯活動が各地で広がっています。

　日本における地域防犯活動は、アメリカやイギリスで提唱された防犯環境設計という考えにもとづき進展してきました。

　1999 年、警察庁から「女性・子どもを守る施策実施要綱の制定について」という通達が出され、翌 2000 年に「安全・安心まちづくり推進要綱」が制定されました。

　この要綱には、防犯ボランティアの活動を支援するため、地域の安全情報の提供や防犯機器の貸与、「子ども 100 番の家」への支援などを警察が積極的に行うことが明記されています。

　この施策の効果もあり、2000 年代初頭から日本全国に地域防犯活動の組織が次々と生まれました。

　ボランティアが子どもたちの登下校を見守ったり、青色パトカー（青色の回転灯を装備した民間のパトロールカー）で地域を巡回したりする活動が行われるようになったのです。

地域防犯にも AI を活用

　地域防犯について、犯罪心理学では多くの研究や実践が行われています。たとえば、私が防犯アドバイザーとなった兵庫県尼崎市では、犯罪者プロファイリングの手法を用いた対策を実

新しい防犯対策の試み

［写真：認定 NPO 法人改革プロジェクト］

有志のランナーが走りながら危険エリアの見回りを行う「パトラン（＝パトロールランニング）」という防犯活動がある（認定 NPO 法人改革プロジェクト）。この活動にも「パトロールコミュニティ」の技術が使われている。

施したところ、2018 年には 2012 年に比べて「ひったくり」が 9 割減、「自転車盗」が 4 割減という結果になりました。

　ひったくりや自転車盗に関して、犯人の行動データなどを収集し、統計的な分析や地図を使った分析から特徴をピックアップ。それをもとに具体的な防犯活動を実践した結果でした。

　現在、地域防犯には AI を導入した新たな試みが行われています。「パトロールコミュニティ」というソフトは、エリア内の犯罪情報をリアルタイムで収集し、犯罪分析 AI による犯罪予測を行います。そして、巡回中のボランティアのスマホに、最適なパトロール・ルートを提案するというしくみです。

　犯罪が多様化していくなか、AI を活用したこうした防犯活動は、今後ますます期待されるでしょう。

犯罪者の嘘は見抜けるか?

ポリグラフ検査　3つの誤解

犯罪捜査の中で、俗称、嘘発見器、正式にはポリグラフ検査が使われることがあります。

このポリグラフ検査にはいくつかの誤解があります。

《誤解①　ポリグラフ検査は嘘を見抜くもの》

そもそもポリグラフ検査は、容疑者の「記憶」を調べるものであり、嘘を見抜くものではありません。

犯罪捜査に使われるポリグラフ検査は、その事件の犯人しか知り得ない情報の記憶があるかどうかを、皮膚の電気活動、呼吸、脈拍など自律神経系の反応で調べるものです。

つまり、事件の記憶があるか否かを調べるのであり、嘘をついているかどうかを調べているわけではないのです。

《誤解②　「お前が殺したのか?」と質問する》

検査官は、ポリグラフ検査の前に、捜査員から証拠品や現場の写真など事件の情報を受け取り、検査のための質問項目を用意します。

このとき、無実の人が反応しないような質問項目を考えなくてはなりません。したがって、マスコミ報道や警察官からの説明で知ることができる情報、被害者との関係で知っている可能

ポリグラフ検査の実際

ポリグラフ検査の様子。特定の質問を投げかけて、そのときの身体反応から、検査対象者が事件について知っていることがあるかどうかを鑑定する。

「目の動き」も犯人特定の手がかりに？

[写真：123RF]

虚偽を検出するのに有効な指標として、まばたきや眼球運動などにも注目が集まっている。眼球運動の実験では、犯人しか知らない事柄が写った画像をじっと見る時間が減少したとの報告がある。

性がある情報などは、質問項目には使わないようにします。

　ポリグラフ検査の前には、生理反応を測定するセンサーを体に付けた状態で、カードを使った予備検査を行います。

　手品のように5〜6枚のトランプから1枚を選んでもらって、「あなたが選んだカードは2ですか？」「あなたが選んだカードは3ですか？」という検査官の質問に、すべて「いいえ」と答えてもらって反応の程度を確認します。

　本番でも間接的な質問を投げかけます。

　たとえば、サバイバルナイフのような鋭利な刃物を使った殺人事件の場合、次のような質問をします。

「犯人が出刃包丁を使ったことを知っていますか？」

「犯人がカッターを使ったことを知っていますか？」

「犯人が短刀を使ったことを知っていますか？」

「犯人がサバイバルナイフを使ったことを知っていますか？」

「犯人が果物ナイフを使ったことを知っていますか？」

　被検査者（容疑者）がサバイバルナイフで殺したことを知っていたら、その質問で反応があるというわけです。

《誤解③　針が大きく乱れたら怪しい》

　映画やテレビドラマでは、容疑者が質問に答えたところで針が大きく乱れると、「嘘を見抜いたぞ！」という場面がありますが、あれはあくまでも演出。

　実際の測定では大きく乱れるのは"ノイズ"とみなし、参考にはしません。そもそも、今はデジタル化が進んでいるので針もなく、数値はパソコン上で記録されます。

　嘘をつくと心臓がドキドキしたり、呼吸が早くなったりしま

すが、ポリグラフ検査では、他の質問より心拍や呼吸が抑制されたら「記憶あり」と判断します。

以上が、ポリグラフ検査の真実です。

ちなみに前述の質問は、ランダムに5回程度、繰り返し投げかけます。淡々と行うので、無実の人は眠ってしまうこともあるぐらいで、まったくスリリングな現場ではありません。

ポリグラフ検査の成績は、平均検出率90%台。正確性が高いという実験結果が出ています。

そのため、証拠能力は十分認められており、裁判で採用されることもあります。もっとも、検査は任意なので、拒否しても構いません。

最近の研究では、眼球運動や脳の活動状況を使った新しいポリグラフ検査が開発されています。

後者については、私たちの研究グループが、脳表面の酸素の状態から脳の活動をリアルタイムに測定する技術を使って、ポリグラフ検査を行う実験に成功しました。

技術の進歩によって、近い将来、もっと簡単に犯罪者の記憶の検出ができるようになるかもしれません。

コラム
映画と犯罪③

羊たちの沈黙

ジョナサン・デミ監督／1991年／アメリカ

サイコサスペンスの金字塔

◆ FBI 捜査官と猟奇的殺人犯の共同捜査

　連続殺人事件を描いた傑作として、「羊たちの沈黙」を挙げる映画ファンは多いかもしれません。

　この映画は、犯罪でも、とりわけ猟奇的殺人犯の内面を詳しく描いたという点で画期的な作品でした。

　物語は FBI 実習生クラリス（ジョディ・フォスター）が、ある任務を命じられるところから始まります。

　アメリカ各地で起きている連続殺人事件解決のため、元精神科医で凶悪犯のハンニバル・レクター（アンソニー・ホプキンス）から助言を得ることでした。

　殺人事件とは、若い女性が襲われ、その皮膚が剥がされるという残忍なもので、犯人はその手口から "バッファロー・ビル" と呼ばれていました。

　収監先の精神病院でレクターに対面するクラリス。

　しかし、そこにいたのは、紳士的に振る舞いながらも快楽のための殺人を追求する「怪物」でした。

　当初、協力を拒否していたレクターですが、クラリスにあ

る条件を提示します。

「捜査に協力するには、君も個人情報を教えろ」

クラリスは、この提案に仕方なく同意。恐怖と抵抗を感じながらも、高い知性を背景に意味深なヒントを出していくレクターを信頼していきます。

ところが、別の病院に移送される途中、警官を殺害して脱獄に成功するレクター。

一方、クラリスはレクターの助言をもとにバッファロー・ビルを追い詰めていくの

「羊たちの沈黙」
DVD、Blu-ray 発売中
発売・販売元：20世紀フォックス ホーム エンターテイメント ジャパン

です。

なお、映画の殺人鬼バッファロー・ビルは、エド・ゲイン、テッド・バンディなど、有名なシリアルキラー（→ 52 ページ）がモデルとなっています。

◆犯罪者の動機の裏にあるもの

映画は FBI による犯罪者プロファイリングの黎明期を描いており、捜査手法がわかる興味深い内容となっています。

冒頭、クラリスがバッファロー・ビル事件の記録を目にするシーンがありますが、そこでは未整理の写真など、混沌とした素材の中から手がかりを見つける様子がわかるでしょう。これは、ブレインストーミング的な手法で行われていた当時のプロファイリングを象徴的に示しているのです。

また、この作品は、人肉食や遺体の皮剥ぎといった一見異常とも思える行動にも、犯罪者が過去に受けたトラウマが大きな影響を与えていることを明らかにしました。

猟奇的殺人犯の動機の深淵には、彼らが求める「性的ファンタジー」が存在している。映画は、その事実を暗示的に描いているのです。

第 4 章

家庭内で起きる犯罪

児童虐待

一番身近な家族が加害者に……

一般的に、犯罪は他人から見られない（気づかれない）場所で発生しやすいという特徴があります。その意味では、犯罪被害が一番見えにくい場所といえば、「家庭内」でしょう。

犯罪とは見知らぬ人によって引き起こされるもので、家族はその攻撃から守ってくれる存在である——。

多くの人はそんなイメージを持っているはずです。

しかし、外部から隔絶された家の中で、被害者にとって一番身近な人が加害者になってしまうこともあるのです。

たとえば、親が子どもに暴力を振るう児童虐待、夫（妻）が妻（夫）に暴力を振るうドメスティック・バイオレンス（以下DV）、また、子どもが親に暴力を振るう家庭内暴力など……。

この章では上記3つの「家庭内犯罪」について取り上げます。

まずは児童虐待。虐待には、次のような行為が想定されます。

①身体に危害を加える
②心理的な苦痛など加える
③性的な行為などで危害を加える
④養育を放棄したり無視したりする

虐待を受けた子どもは、肉体的にも精神的にも大きなダメー

児童虐待の相談件数は急増している

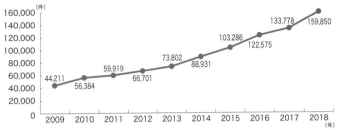

※厚生労働省「平成30年度 児童相談所での児童虐待相談対応件数［速報値］」をもとに作成。

児童相談所に寄せられた相談件数。増加の要因としては、警察からの通告が増えたことや、心理的虐待の相談件数が増加したことなどが挙げられる。

こんな行為も「虐待」にあたる

●身体的虐待

殴る
蹴る
投げ落とす
激しく揺さぶる
やけどを負わせる

●性的虐待

子どもへの性的行為
性行為を見せる
性器をさわる
（さわらせる）

●ネグレクト

食事を与えない
不潔にする
病気になっても
病院に
連れて行かない
家の中に
閉じ込める

●心理的虐待

言葉による脅し
無視
兄弟姉妹間での
差別的な扱い
子どもの目の
前で別の家族に
暴力を振るう

※厚生労働省による分類。

厚生労働省の調査では、件数が最も多いのが心理的虐待（55.3%）、次いで身体的虐待（25.2%）となっている（2018年度調査）。心理的虐待は、子どもに与える影響が大きいにもかかわらず、発見しづらいことが問題となっている。

ジを受けます。感情がコントロールできない、人間関係がうまく構築できないなど、虐待が与える影響は計り知れません。

親を非難するだけでは解決しない

　虐待の要因は1つではありません。

　まず、親の肉体的・精神的な病気や障害といった要因、育児に対する不安やストレスといった要因が考えられます。

　次に、子ども側の要因として、発達の遅れ、育てにくさ（こだわりが強い、感情の起伏が激しいなど）が挙げられます。

　さらに、その家族が経済的な問題を抱えていたり、夫婦の関係が不安定であったり、地域から孤立していたりするなど、環境的な要因もあるかもしれません。

　児童虐待は、これらの要因が複雑に関係して起こると考えられています。なかには、虐待を加える親がその行為を「しつけ」と信じて疑わないケースも多いようです。

　もちろん、どんな理由があっても虐待が許されるわけではありません。しかし、加害者の親の中には、「間違ったことをしている」と罪悪感に苦しんでいる人、自らも幼少期に虐待を受け、暴力以外の手段で親子関係を築くことができない人もいます。

　加害者である親を責めるだけでは、虐待の問題は解決しません。家庭という閉じた空間で起きる児童虐待を早期に発見するためには、児童相談所や学校、地域などの連携を強化していくことが今後の課題となるでしょう。

　なお、最近では介護を必要とする実父母（義父母）を「虐待」する事例も報告されており、児童虐待と併せて大きな社会問題となっています。

「虐待かもしれない」と思ったら……

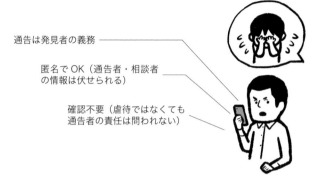

通告は発見者の義務

匿名でOK（通告者・相談者
の情報は伏せられる）

確認不要（虐待ではなくても
通告者の責任は問われない）

虐待を受けていると思われるケースを児童相談所などに連絡することを通告という。

虐待をする母親の心の中は？

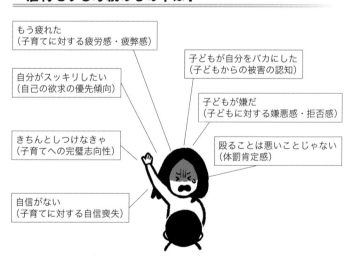

もう疲れた
（子育てに対する疲労感・疲弊感）

自分がスッキリしたい
（自己の欲求の優先傾向）

きちんとしつけなきゃ
（子育てへの完璧志向性）

自信がない
（子育てに対する自信喪失）

子どもが自分をバカにした
（子どもからの被害の認知）

子どもが嫌だ
（子どもに対する嫌悪感・拒否感）

殴ることは悪いことじゃない
（体罰肯定感）

『子ども虐待』西澤哲（講談社現代新書）をもとに独自に作成。

家庭内暴力

「自分がダメなのは親のせいだ」

「家庭内暴力」は、子どもが親に対して暴力を振るう行為です。

　一般的に、加害者である子どもの特徴として、「自分はダメな人間だ」という否定的な感情を持っていること、また、「そうなったのは親のせいだ」という思い込みがあることなどが挙げられます。この思考が親に対する反抗という形で現れ、暴力に変わるのです。

　では、家庭内暴力を起こしやすい子の性格とは、どのようなものでしょうか。

　一概には言えませんが、自信がない、引っ込み思案、わがまま、挫折感や劣等感を強く感じている……という傾向があるようです。

　また、友人が少なく、孤立的であることも特徴の1つとして指摘されています。

親の振る舞いも原因の1つ

　もっとも、家庭内暴力は子どもだけに原因があるわけではありません。親の態度は家庭内暴力を引き起こす大きな要因となります。

　親が子どもに対して過干渉・過保護である。父親の存在感が薄く、見せかけだけの態度で子どもに接している……。こうし

た親の態度は子どもの側の要因と結びついて、家庭内暴力に発展する可能性があります。

　親は気づかないうちに自分が正しいと思いがちです。しかし、子どもによる暴力が続いたら、素直に「自分たちの何が悪かったのだろうか？」と自問してみる姿勢が必要でしょう。

　無論、暴力についてはきちんと戒めなければいけません。

　しかし、暴力行為の裏には「自分を認めてほしい」という子どもからの切実なメッセージが隠れているはずなのです。

心理的に離れないで一定の距離を取る

　とはいえ、暴力がエスカレートしてもう耐えられない、命の危険があるというときは、身を守ることを優先させなければいけません。その場合は、警察か児童相談所などに相談することが先決でしょう。

　児童相談所というと、児童虐待が専門分野だと思われがちですが、実は子育てに関するさまざまな相談を受け付けていて、親への相談援助活動も行っています。

　また、家庭内暴力は、どうしても親と子だけの狭い世界で解決しようとする傾向があります。

　親族や信頼できる友人に、状況や心情を聞いてもらいながら、子どもからは心理的には離れず、しかし、一定の距離感を保って対応することも大切です。

ドメスティック・バイオレンス（DV）

DVには3つのサイクルがある

　DVは、配偶者（事実婚のパートナーやカップル含む）から暴力を受けることです。殴る、蹴るといった身体的攻撃の他にも、人前で罵倒する、交友関係を制限する、メールを監視する（精神的暴力）、生活費を渡さない、仕事を辞めさせる（経済的圧迫）、性行為を強要する、避妊しない（性的暴力）などの行為も立派なDVです。

　また、被害者が常に女性であるとは限りません。男性がDVの被害者になるケースも増えています。

　DVの相談件数は毎年増加の一途をたどっており、頭打ちになる気配がありません（右図）。しかも、この調査で扱っているのは「身体に対する暴力」のみですから、精神的な暴力を含めると、被害者はさらに多いと考えていいでしょう。

「理不尽な暴力を受けているのに、どうして逃げないの？」

　DV問題では、よくこんな疑問が発せられます。その理由を明らかにしたのが、心理学者レノア・E・ウォーカーでした。

　彼女は、被害者と加害者の関係性に3つのサイクルがあることを発見しました。それがDVサイクルです。

　まず、加害者がイライラし、小さな肉体的・精神的暴力が現れる時期があります。これが「緊張形成期」。被害者は、加害者を刺激しないように、自分の言動に気を遣います。

年々増えているDVの相談件数

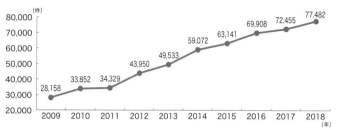

※警察庁「平成30年におけるストーカー事案及び配偶者からの暴力事案等への対応状況について」をもとに作成。

DVサイクル──なぜ逃げられないのか?

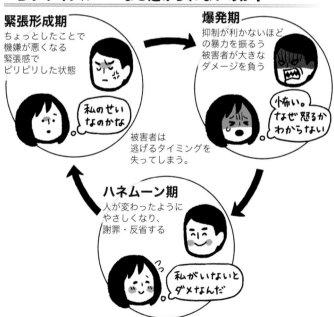

緊張形成期
ちょっとしたことで
機嫌が悪くなる
緊張感で
ピリピリした状態

私のせい
なのかな

爆発期
抑制が利かないほど
の暴力を振るう
被害者が大きな
ダメージを負う

怖い。
なぜ怒るか
わからない!

被害者は
逃げるタイミングを
失ってしまう。

ハネムーン期
人が変わったように
やさしくなり、
謝罪・反省する

私がいないと
ダメなんだ

※内閣府「男女共同参画局」HPをもとに作成。

この時期が過ぎると、加害者が激しい暴力を振るう「爆発期」に入ります。この時期の暴力は加害者本人にもコントロールができないほどひどいもので、被害者が懇願しても止まりません。

　ところが、次に「ハネムーン期」が訪れます。

　この時期の加害者は、急にやさしくなり、「悪かった」「もう暴力は振るわない」と、被害者に許しを求めるようになります。被害者はその言葉を信じて関係を継続しますが、やがてまた「緊張形成期」に突入。DVはこうして繰り返されていくのです。

　この流れを何度か繰り返しても、被害者はハネムーン期の加害者の姿が本当の姿なのだと錯覚して、加害者を許してしまいます。

　もちろん、別れた後の報復が怖い、生活費・養育費のために仕方なく元に戻ってしまうという事情もあるでしょう。

　しかし、重要なのは、被害者が「本当は愛されているんだ」「暴力を振るわせてしまった私も悪かった」と考えてしまうことです。加害者は、こうした被害者の心理を巧みに利用します。

　その支配・被支配の関係が強化されていくために、DVのサイクルはなかなか断ち切れないのです。

アメリカのシェルター事情

　では、被害者への支援にはどのようなものがあるでしょうか?

　いざというときには警察を頼るべきですが、緊急の場合、婦人保護施設などの公的機関や民間のシェルター（避難施設）などが考えられます。

妻による DV が増えている

寝ているときに熱湯・
水をかける

「頭が悪い」
「給料が安い」
「バカがうつる」
「親の育て方が悪い」
など暴言を吐く

夫のスーツにケチャップなどを
かけて台無しにする

周囲の家具を蹴飛ばして
暴れる

包丁を持ち出して脅す

謝罪や土下座を強要する

※ベリーベスト法律事務所、内閣府の HP をもとに作成。

DV の被害者は圧倒的に女性が多いが、男性の被害者も増えている。
女性の被害者が79.4％であるのに対し、男性被害者は20.6％（2019
年　警察庁調査）。5人に1人は男性が被害者ということになる。

しかし、日本の民間シェルターの取り組みはまだ始まったばかりで、諸外国と比べると遅れているといわざるを得ません。

　私は以前、アメリカ・シアトル市にある「Mary's Place」というシェルターを訪問したことがあります。

　この施設は1998年につくられ、DV被害者やホームレスの母子などを保護するシェルターとして機能してきました。

　利用者は約700人超(うち500人が子ども)。

　たくさんの食料、衣類などが周辺住民から寄付され、ボランティアスタッフによって運営されていました。

　シェルター内には、子どもの遊び場や教育を受けられるスペースが整備されています。また、母親はヨガで心身をリラックスすることもできます。利用者の平均滞在期間は3カ月ほどでした。

　同じシェルターでも、日本では、どちらかというと被害者を「隔離」するイメージがあります。しかし、シアトルの施設では、加害者を厳重に寄せ付けない態勢を取りつつも、被害者の「自立」を促すような空気を強く感じました。

　同じような施設が、シアトルのあるワシントン州には他にも多数あります。

　また、24時間の相談ホットライン、女性と子どものためのサポートグループなどを紹介してくれるサービスも充実しています。

　被害者支援の方法について、日本が海外から学べることは、まだまだたくさんありそうです。

第2部

犯罪の最前線と防犯マニュアル

私たちの生活は、さまざまな犯罪の危険と隣り合わせです。
どうすれば、その危険を回避できるのでしょうか？
ここでは、「性犯罪」「ストーカー」「子どもを狙う犯罪」「特殊詐
欺（おもに電話を使ったもの）」の各犯罪について、最新の傾
向、犯罪者の心理、防犯のヒントをまとめました。

スマホを使った新しい手口も!?

直接体にふれなくても性犯罪

　ここからは、身近な犯罪に関する最新の傾向や対策について解説していきます。まずは「性犯罪」です。

　性犯罪といっても、タイプやレベルはさまざま。

　たとえば「のぞき」は、民家の窓や隙間などから女性の日常生活を盗み見る行為。目的は性的興奮を感じるためですが、トイレや入浴中の無防備な姿をのぞくというケース以外にも、食事など普段の姿を見るだけで満足する場合もあります。

　「盗撮」は、のぞきが発展した犯罪だといえます。

　商業施設の階段や駅のエスカレーターなどでスカートの中をこっそり撮影するような行為を指します。

　かつては靴の先に超小型カメラを装着し、気づかれないように撮影するという手口が報告されていました。

　しかし、現在では、スマホを使って撮影する手口が圧倒的に多くなりました。女性用のトイレに小型カメラを仕掛けて、排泄中の様子を撮影する行為も盗撮に含まれます。

　下着泥棒（正式名称は色情盗）は、犯罪内容を考えれば「窃盗罪」に分類されますが、これも性犯罪の一種でしょう。

　ベランダなどに干してある洗濯ものから、女性用の下着を盗む行為がすぐに連想されますが、盗まれる対象物は下着に限りません。過去には夜道で女性を脅して履いていたブーツを奪う

プライベートを盗み見る「のぞき」

のぞき犯は相手が自分に気づいていないこと、また、反社会的行為をしている後ろめたさで歯止めが利かなくなっていく。

盗撮の現場は階段やエスカレーター

盗撮犯はシャッター音を消す「音消しアプリ」をインストールしたスマホを使う。バッグや紙袋に小型カメラを仕込んでいる場合もあるので要注意！

事例がありました。要するに、女性そのものではなく、その人が身に着けているものに性的興奮を覚えるのです。

公然わいせつ犯の2つのパターン

「露出」は、その名の通り、夜道や人気のない場所で、女性にむき出しの下半身を見せる犯罪行為のこと。分類としては「公然わいせつ罪」に該当します。

実は、露出犯には2通りのタイプがあります。

1つは女性が叫び声をあげたり、恥ずかしがったりする様子を見て、快感を得るタイプ。もう1つが、下半身を見た女性に鼻で笑われたり、軽蔑の眼差しを向けられたりすることにゆがんだ満足感を覚えるタイプ。

いずれにしても、露出犯が求めているのは、相手の反応です。恐怖、羞恥の表情を見て満足するので、被害者に深刻な危害を加えることはまれです。

精神医学の分野では「露出症」という言葉がありますが、露出犯のすべてがこうした精神疾患を抱えているわけではありません。なかには、女性が驚く表情が見たくて、単に「遊び」として好奇心で実行するようなケースもあるからです。

最近では、新しいタイプの「露出」例が報告されています。

それが「AirDrop痴漢」というもの。

"痴漢"という言葉が使われていますが、いわゆる痴漢のように体にふれてくるわけではありません。

「AirDrop」とは、近くのiOS端末（アップル社のOSを搭載した端末）と簡単に画像が共有できるというiPhoneの独自機能ですが、これを使って女性にわいせつな画像を送りつけるので

被害者の反応を見ている露出犯

危害を与える露出犯は少ないが、遭遇したら、被害を避けるために
その場から一刻も早く逃れることが大事。

わいせつ画像を送りつける AirDrop 痴漢

AirDrop 痴漢とは、iPhone の「AirDrop 機能」を使って不愉快な
画像を送りつけてくる嫌がらせ行為のこと。「設定」で iPhone の名
称を個人が特定されないものに変更しておきたい。

す。本来なら通信量がかからないデータ共有法として便利な機

能なのですが、これがわいせつ目的に悪用されているのです。

"グレーゾーン"を狙ってくる痴漢

性犯罪と聞いて、すぐに思い浮かぶのは「痴漢」でしょう。

実は"痴漢"という罪名はなく、行為そのものは「強制わいせつ罪」や「迷惑防止条例違反」として扱われます。

性行為を伴わないので「強制性交等罪」とは区別されますが、被害者に大きな肉体的、精神的な苦痛を与えることは間違いありません。

痴漢は、道を歩いていて背後から胸やお尻をさわる、背後から抱きつくというものから、電車内で体をさわる、隣の席から体を密着させる……といった手口があります。

ただ、最近では痴漢だとは即座に判断しづらい"グレーゾーン痴漢"の被害が報告されています。

電車の中で、後ろから息を吹きかける、股間をすりつける、ひじで胸をさわる、匂いをかぐなど……。

他に悪質なものとしては、髪を口に含む、体液をかける、スカートを切る、首をなめるなどがあります。

レイプは最も悪質な性犯罪

「性犯罪」の中で最も悪質なものは、いわゆるレイプ（強姦／強制性交）でしょう。女性を力で支配して、性交を行おうとする、非常に悪質な性犯罪です。

レイプ被害は長らく親告罪でした。親告罪とは被害者からの訴えがなければ刑事事件として起訴することができない犯罪のことです。ですから、被害者が性被害を受けたことが広まるのを恐れて泣き寝入りしてしまえば、加害者が罪に問われること

電車内のグレーゾーン痴漢

密着して股間を
すりつける

顔を近づけて
匂いをかぐ

手を重ねられる

はありません。

　しかし、2017年6月に刑法の一部が改正され、強姦罪や強制
わいせつ罪は親告罪ではなくなりました（これによって強姦罪
の名称が強制性交等罪となった）。

少数だが男性のレイプ被害者も

　統計上、レイプ被害に遭うのは10代、20代の女性ですが、そ
れ以上の年代の女性の被害も十分考えられます。

　また、被害者の中には男性もいます。

　これは、最近になってようやく報道されるようになってきま
したが、これまでは暗数として隠れていた数字です。

　男性被害者の大多数が10代であることも、強調しておきたい
ところです。

痴漢は泣き寝入りしそうな女性を狙う

大胆な露出狂も実は小心者

性犯罪者は、どんなことを考えているのでしょう？

これまで見てきたように、「性犯罪」といってもさまざまな種類があります。そして、犯罪者の特徴は、犯罪の種類によっても異なります。「性的欲求を満たしたい」という動機は共通していても、犯罪者像は１つではないということです。

人通りの少ない場所で性器を露出する公然わいせつ犯は、検挙された人物の約６割が20〜40代の男性。いわゆる働き盛りの活動的な世代が加害者であることがわかります（警察庁「犯罪統計資料（平成31年１月〜令和元年12月分【確定値】）より。以下同）。

また、公然わいせつ犯の３人に１人が「のぞき」の経験があることから、２つの犯罪の経験者には共通点がありそうです。

ちなみに被害者の約８割が20歳未満の女性であり、成人女性は決して多くありません。恐怖や羞恥の表情が見たい公然わいせつ犯からすれば、男性経験が少ない女性のほうが表情がわかりやすいので、ターゲットを絞り込んでいるのでしょう。

前項でもふれましたが、公然わいせつ犯は、女性が恥ずかしがったり、軽蔑的な眼差しを向けたりすることを求めています。逆にいえば、それ以上のことは望みません。

ですから、ターゲットである女性の体に直接さわることはま

露出犯が現れるのは本当に春先なのか?

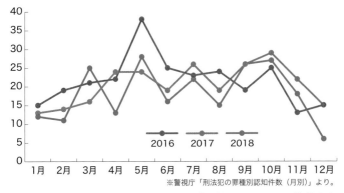

※警視庁「刑法犯の罪種別認知件数(月別)」より。

東京都(警視庁管区)内で確認された「公然わいせつ」の件数を年別に表したもの。春から夏にかけての件数が多くなっているのは事実だが、決して春先に突出しているわけではない。

事件は加害者の自宅から離れた場所で起きる

※科学警察研究所「男性露出犯の犯行特徴と犯人像に関する分析」をもとに作成。

露出事件の約7割は意外にも日中に行われている。また、露出犯の自宅から5km以上離れた場所で犯行が行われるのは全体の4割。犯行が計画的に行われていることがわかる。

ずないのです。直接的な行動に出ることを望まない、内気な人だといえるかもしれません。

　下着盗の犯人は平均32.9歳。10歳ごとに区切った加害者の分布図でも、30〜40歳が最も多いことがわかります。

　性犯罪の加害者は、独身で、性的欲求が抑えられない不審者というイメージがあるかもしれません。しかし、それは偏見だといっていいでしょう。実際に性犯罪者として検挙されるのは、妻帯者や有職者である例が少なくありません。

痴漢のターゲットになる女性の特徴は？

　痴漢の実行犯は合理的選択理論（→ 22 ページ）に従って行動しており、捕まらないように細心の注意を払っています。

　ターゲットの選定も念入りです。

　よく、痴漢に遭うのは薄着の人や露出の高い服装の人だという人がいますが、それが重要な理由ではありません。

　痴漢が狙うのは、おとなしくて抵抗しそうにない人、明確に「NO」の意思表示をしなさそうな人です。痴漢は自分の行為を黙って受け入れそうな相手をとらえて行動を起こすのです。

　最近では、あからさまに女性の体にふれないで、グレーゾーン（→ 142 ページ）を狙う痴漢が増えています。これは告発されることを想定していると考えることもできるでしょう。

　もし、女性が声をあげれば、「満員電車だから、仕方なく密着してしまった」「顔が接近しただけ」「体にはさわっていない」とシラを切ることができます。

　このあたりに、手口が大胆なわりには臆病な痴漢の心理が垣間見えます。

なぜ痴漢をしてしまったのか？

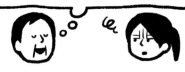

- 肌の露出の多い女性は性欲が強い。
- 女性は男性から痴漢をされることで性的満足を得る。
- 隙が多い女性はさわられても仕方がない。
- 痴漢よりひどいことをしているヤツはたくさんいる。
- 仕事をがんばったから痴漢をしても許される。

※痴漢加害者に対するヒアリングや痴漢加害者が参加するグループミーティングで聞かれた意見。『男が痴漢になる理由』斉藤章佳（イースト・プレス）の内容をもとに作成。

レイプ犯の多くは被害者と面識あり

　痴漢に代表される強制わいせつ犯は、通常、見ず知らずの人をターゲットにしますが、レイプ犯の場合、約8割が「顔見知り」の犯行です（内閣府　平成27年「男女間における性暴力に関する調査」）。面識があるということで、女性も安心してしまうのでしょう。

　レイプ犯の多くは20～30代で、有職者が7割を占めます。また、レイプという犯罪は、公然わいせつや通りすがりの痴漢などと違って、目的達成までにある程度の時間が必要です。

　そのため、「つい魔がさして……」という衝動的なケースより、計画的に犯行が行われる場合が多いのも特徴です。

性犯罪者から逃れるポイント

夜道の危険を回避する

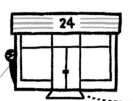

周囲への注意力が著しく落ちるので、音楽を聴いたり、スマホを操作したりして歩かない

犯罪者はコンビニ、銀行のATM、スーパーなどでターゲットを見つけて尾行する

カバンの見える場所に防犯ブザーを付けておく

自宅マンションのエレベーターも要注意!

壁に背を向けて背後にスキをつくらない

挙動不審な人と乗り合わせたら、携帯電話が鳴ったフリをして途中階で降りる

「閉」ボタンを押してから行き先階を押す。先に行き先階ボタンを押すと、直前で乗り込んできた人に居住階が知られてしまう

マンションがオートロックでも、不審者が共連れで入ってくる可能性も

電車内で痴漢に狙われやすいのはどこ？

急行や快速などドアが開かない区間が
長いと、駅に着くまでの間逃げられない

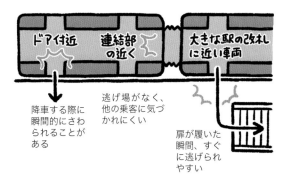

ドア付近

連結部
の近く

大きな駅の改札
に近い車両

降車する際に
瞬間的にさわ
られることが
ある

逃げ場がなく、
他の乗客に気づ
かれにくい

扉が履いた
瞬間、すぐ
に逃げられ
やすい

お酒の席ではレイプドラッグに注意

飲み会でもらった薬を飲んで意識がなくな
るというケースが多発している。トイレか
ら戻ってきて飲みかけの飲み物を飲んだら、
記憶がなくなったという事例も

飲み物を手元から
離さない

離席後の飲み物には
口をつけない

ネットもストーカーの犯罪現場

スターにつきまとうストーカー

次は「ストーカー犯罪」について見ていきましょう。

ストーカーとは、英語の "stalk（忍び寄る）" が語源になっていて、特定の人につきまって待ち伏せをしたり、私生活を監視したりする行為を指します。

2016年から、警察への相談件数は徐々に減少していますが、一方で行為者に強い行動制限を課す「禁止命令」は増えているというのが実態です（警視庁調べ）。

ストーカーが広く世間に知られるようになった代表的な例は、1980年にアメリカで起きたジョン・レノン射殺事件でしょう。射殺犯は当時25歳のマーク・チャップマンで、ジョン・レノンの熱狂的なファンでした。

チャップマンのように、有名人に心酔するあまり、一方的なつきまとい行為を繰り返す人をスターストーカーと呼びます。ジョディ・フォスターにあこがれたヒンクリーも同様です（→ 42 ページ）。日本でも、菊池桃子さんやスピッツの草野マサムネさんが執拗なストーカー被害に遭ったことはよく知られています。

最近の傾向は、高齢者によるストーカー犯罪の増加でしょう。行為者として最も多い年代はダントツで20歳代ですが、70歳代の行為者の数が伸びているのが特徴です。

ストーカー犯罪の検挙数はどう変わったか

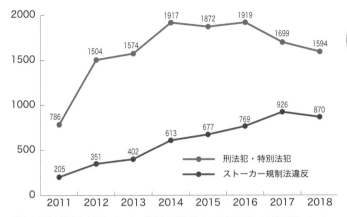

※警察庁「平成30年におけるストーカー事案及び配偶者からの暴力事案等への対応状況について」
より。

ジョン・レノンを殺害したストーカー

1980年12月にジョン・レノンを殺害したマーク・チャップマンは、
逮捕後、裁判で終身刑となり、現在もニューヨークの刑務所に服役
中。「社会の福祉と安全に反する」などの理由で10回の仮釈放申請
はすべて却下されている。

ネット上でつきまとうストーカー

近年、インターネット上で特定の個人に嫌がらせをするネットストーカー（サイバーストーカー）が増えてきました。

ネットストーカーにはさまざまな手口がありますが、自分の要求が受け入れられないと、ネット上で誹謗中傷する、秘密を暴露する、相手の性的な画像や動画を拡散する（リベンジポルノ）などの被害が報告されています。

また、個人プロフィールや SNS の投稿などから個人情報を特定し、住所などを勝手に「さらす（ネット上で公開する）」行為もネットストーカーに該当します。

何気なく家の近所で撮影した画像を Instagram にアップする人がいますが、背景に写った建物や風景から住所が特定されてしまうことがあります。

2019 年には、SNS に投稿されたアイドルの自撮り写真を拡大し、瞳に映った景色から住所を特定した男が逮捕される事件が起きました。

さらに、特定した個人情報をもとに相手になりすまし、迷惑行為を行っているように見せかけて、本人の印象を操作する事件も報告されています。これもまた、ネットの世界ならではのストーカーだといえるでしょう。

SNS が日常生活の中に入り込み、大きな影響力を持つ現代では、ネットの世界もリアル世界と同様、ストーキングの舞台となり得ることに注意が必要です。

高齢者ストーカーによる被害の実態

ドライブやコンサートの誘いをメールで送りつける。拒否すると「あなたはまだ運命の出会いに気づいていないだけ」と返答。[79歳]

日常の出来事をメールで送りつける。1日最大36通。拒否すると「あなたにメールを送るのだけが1日の楽しみ」と答えた。[69歳]

相手の留守電に4日間で50件のメッセージ。「寂しいよお。声が聞けないと死んじゃうよお」[74歳]

※『老人たちの裏社会』新郷由起（宝島社）の内容をもとに作成。

ストーカー規制法はこう変わった（一部）

・拒否されているのにSNSやブログにメッセージなどを送る行為が規制対象に
・「警告」を経なくても、行為者に強い行動制限を課す禁止命令が出せる
・ストーカー行為の罰則が2倍に（懲役1年以下か100万円以下の罰金）
・被害者が告訴しなくても起訴できる（親告罪規定の撤廃）

153

強い思い込みが偏執的な愛情に

こじらせた恋愛感情が暴走

ストーカーの心理を一言でいえば、「強すぎる思い込み」という言葉がふさわしいでしょう。

ストーカーにもいろいろなタイプがいますが、共通しているのは「自分が大好き」ということ。

もちろん、そのこと自体は問題ないのですが、自己中心的な思考が暴走して、相手に恐怖を与えるレベルまで突き進めば、それは犯罪といわざるを得ません。

ストーカーの「動機」として一番多いのは恋愛です。ストーカーは男性の場合が圧倒的に多いのですが、彼らは相手に交際を断られたり、別れを告げられたりしても、その事実を受け入れようとしません。何を言われても、すべて自分に都合のいいように解釈するのです。

女性が「つきまとわないで！」と怒っても、「きっと恥ずかしいんだな」と考える。あるいは、「別れたい」と告げても、「だらしないオレに活を入れるために、あえて言ったんだろう」と意に介さない。

こんな具合に、自分の行動を正当化するのです。

被害者としてはたまりませんから、強く、あるいは繰り返し「ノー」と言うでしょう。

ところが、ストーカーは要求が受け入れられないとわかると、

「ストーカー」は4つのタイプに分けられる

親密追求型
相手と相思相愛になりたいと思っている。ただし相手の意思とは関係なく一方的。

憎悪型
相手に憎しみを抱いており、恐怖や苦痛を与えることを目的とする。

拒絶型
元配偶者、元恋人など顔見知り。よりを戻すことが目的で、理解されないと攻撃的になる。

略奪型
相手を性的犯罪のターゲットとして狙う。

※精神医学博士ポール・ミューレンの分類をもとに作成。

ストーカー加害者に聞いた犯行当時の被害者への気持ち（複数回答）

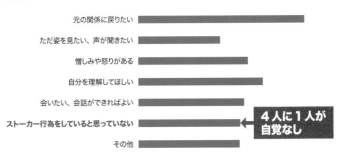

元の関係に戻りたい

ただ姿を見たい、声が聞きたい

憎しみや怒りがある

自分を理解してほしい

会いたい、会話ができればよい

ストーカー行為をしていると思っていない ← **4人に1人が自覚なし**

その他

0.0%　5.0%　10.0%　15.0%　20.0%　25.0%　30.0%　35.0%　40.0%　45.0%

※警察庁「ストーカー加害者からのアンケート調査結果（2018）」をもとに作成。

「オレのプライドを傷つけやがって」と豹変するから厄介です。

　客観的に見れば断られて当たり前なのですが、ストーカー側の思考では「オレがこんなに好きなのに、なぜ振り向いてくれないんだ！」という理屈になるのです。

精神疾患という可能性も

　繰り返しますが、いくら拒絶されても勝手な解釈をしてあきらめないという特徴がストーカーにはあります。

　ただし、それが「性格」なのかといえば、必ずしもそうではありません。

　精神医学の分野では、反社会性パーソナリティ障害（以下、ASPD）と呼ばれる症状があります。これは、自分の利益や快楽を追求するために違法行為を繰り返すというもので、罪悪感はまったくありません。それどころか、悪いのは被害者のほうだと考えるのです。

　また、自分の能力を過大に評価したり、自分は特別であると強く思い込むような自己愛性パーソナリティ障害（以下、NPD）もストーカーに多いと考えられています。

　もちろん、ASPD や NPD の人がすべてストーカーというわけではありません。しかし、ストーカーの心理を理解する上では、知っておいていい情報でしょう。

ストーカーが陥りやすい心理

自分は特別だと認めてほしい	良心の呵責を感じない	恋愛の妄想にのめり込む
無視されたと感じやすい		ストレスを感じると相手をすぐに攻撃する

ストーカー加害者の肉声

「苦しくなって、我慢の限界みたいになって。例えば、その人にメールをしないことが、息を止めてどれだけ水に潜っていられるかみたいな気持ちになるんです」

［写真：河出書房新社］

『ストーカー加害者：私から、逃げてください』
田淵 俊彦、NNN ドキュメント取材班 著
河出書房新社

ストーカー犯罪を起こした加害者たちに取材し、その内面の闇に迫ったノンフィクション。制御できない欲求と良心との間で葛藤し、「やめたくてもやめられない」「(自分から)うまく逃げてほしい」という複雑な心理が紹介されている。

ストーカーから逃れるポイント

やってはいけない"別れ方"

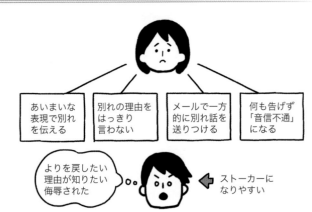

| あいまいな表現で別れを伝える | 別れの理由をはっきり言わない | メールで一方的に別れ話を送りつける | 何も告げず「音信不通」になる |

よりを戻したい理由が知りたい侮辱された

ストーカーになりやすい

普段から気をつけたいこと

公共料金の明細書など個人情報が記載されているものは裁断してから捨てる。前日にゴミを出さない

住所が特定できる画像を SNS にアップしない

郵便受けは施錠する(荒らし防止)

「NO」を伝えるときの注意

ホテルのロビーや
人の多い喫茶店な
どで会う（2人き
りで会わない）

父親や男の兄弟など、
身近な男性を同席さ
せる

会話内容を録音す
ることも有効

「気持ち悪い」 → NG
「困ります」 → NG
「迷惑です」 → NG
「やめてください」 → OK

警察はどのように対応してくれるのか?

警察に相談

・防犯グッズの貸し出し
・防衛手段のアドバイスなど

警告 → 従わない → 禁止命令 → 従わない → 検挙
（2年以下の懲役または
200万円以下の罰金）

・ストーカー行為
・住居侵入、脅迫など
の刑事法令

抵触 → 検挙
（ストーカー行為違反は1年以下の
懲役または100万円以下の罰金）

※広島県警HPの内容をもとに作成。

159

SNSを悪用した犯罪が急増中

減少傾向にあるが油断は禁物

　子どもは犯罪に巻き込まれるリスクと常に隣り合わせです。

　2019年発行の『警察白書（令和元年版）』によれば、13歳未満の子どもが被害者となった事件は、2018年の1年間で1万2947件でした。

　ただ、この件数は、実は過去10年間で最低の数字です。

　「じゃあ、子どもが巻き込まれる犯罪は減っているの？」

　という疑問が出そうですが、残念ながらそう単純な話ではありません。犯罪発生件数は減少している一方、児童ポルノや強制性交など深刻な事件や、SNSが絡む事件が増えているのです。

　身代金目的の誘拐が少なくなっている一方で、わいせつ目的などの単純な誘拐は増減を繰り返しながら増えているのです。

子どもを飲み込む SNS の闇

　最近では、子どもが被害者となる犯罪でも、インターネット、とくにSNS経由の犯罪が目立つようになってきました。

　SNSを通じて子どもが被害に遭う事件は、2008年以降の10年間で約2.3倍（同上）になっています。

　「今や小学生でも約半数がスマホを持つ時代。フィルタリングも万全ではありません。子どもたちは設定を変更して制限を外してしまうことなど朝飯前。そうなれば危険な世界と簡単につ

子どもを狙った犯罪はどう変化している?

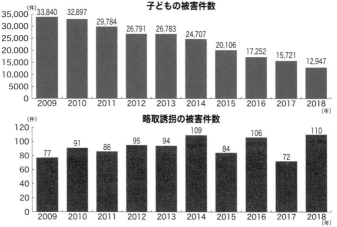

子どもの被害件数

(件)
35,000 — 33,840
30,000 — 32,897
29,784
26,791 26,783
25,000 24,707
20,000 20,106
17,252 15,721
15,000
12,947
10,000
5000
0
2009 2010 2011 2012 2013 2014 2015 2016 2017 2018 (年)

略取誘拐の被害件数

(件)
120
100
80 — 77 91 86 95 94 109 84 106 72 110
60
40
20
0
2009 2010 2011 2012 2013 2014 2015 2016 2017 2018 (年)

※『警察白書(令和元年版)』をもとに作成。

子どもが被害者となった事件の移り変わり(グラフ上)。全体の件数は減少しているが、略取誘拐など深刻な事件は増加傾向にある(グラフ下)。

SNS 関係の事件は増え続けている

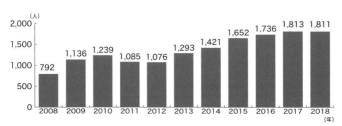

(人)
2,000
1,813 1,811
1,736
1,652
1,500
1,421
1,293
1,136 1,239 1,085 1,076
1,000
792
500
0
2008 2009 2010 2011 2012 2013 2014 2015 2016 2017 2018 (年)

子どもが SNS を通じて見知らぬ人と出会い、犯罪に巻き込まれるケースが増えている。警察庁によれば、被害児童のうち約9割が、被害時にフィルタリングを使用していなかった(『警察白書(令和元年版)』)。

ながってしまいます」（セコム株式会社 IS 研究所・舟生岳夫氏）

　Twitter や Instagram、TikTok などは、子どもたちの情報共有
ツールとして人気である反面、ターゲットを探している犯罪者
も多く、危険と隣り合わせです。

　たとえば、29 歳の男性が、SNS を通じて知り合った 10 代の
少女らとホテルなどで性行為を行い、撮影した画像を SNS で不
特定多数に送ったとして逮捕された事件（児童買春・児童ポル
ノ禁止法違反）がありましたが、これは氷山の一角です。

見直すべき間違った犯人像

「子どもを狙う性犯罪者について、どんなイメージを持ってい
ますか？」と尋ねると、「汚ない人」「中高年」といったキーワー
ドが多く挙げられます。ところが、幼児を対象にした強制わい
せつ事件の加害者を調べると、約 7 割が 10 代から 30 代の層な
のです（『テキスト 司法・犯罪心理学』 越智啓太・桐生正幸編
著（北大路書房）より）。

　なかでも、30 代が 3 割、10 代が 2 割であることに注目すべき
でしょう。大人が警戒心を抱かない人たちこそが、実際には加
害者として子どもたちを傷つけているのです。

　性犯罪と並んで検挙数の多い犯罪が暴行事件。幼児を対象と
する暴行・傷害事件では、約半数が顔見知りの犯行です。言い
換えれば、親や親族が虐待を加えていることを示しています。

　一方、小学生の場合、面識のない人が約 7 割を占めます。小
学生になると、知らない人から突然暴行を受けることがあると
いうことでしょう。

子どもがネット上のトラブルに巻き込まれた事例

相手にメールで
送った裸の画像を
もとに脅迫された

アップした画像か
ら住所や学校が特
定された

顔写真やプロフィー
ルがネット上に出
回って悪用された

無料通話アプリや
ゲームチャットの
発言がいじめに発
展した

コミュニティサイトで
知り合った「女子」が
なりすました男性だっ
た

※神奈川県警、千葉県警の防犯ウエブサイトをもとに作成

ネット上の不審者をあぶり出すチェックリスト

□ 「自分たちの関係を秘密にしよう」と言う。

□ たくさんの個人情報を聞き出そうとする。

□ 頼みごとを引き受ける、プレゼントをあげるといっ
た約束をする。

□ 複数のプラットフォームやサービスから連絡をと
ろうとする。

□ 子どもの外見について踏み込んだ話をしようとする。

□ 直接会うことを求める。

※マイケル・ソルター（ニューサウスウェールズ大学准教授）のチェックリスト（ライフハッカー日
本版記事「子どもに教えるべき『ネット上の不審人物』の特徴チェックリスト」）をもとに作成。

不審者はいつも・どこかで見ている

性別にかかわらずターゲットになる

　子どもを狙う犯罪の中でも、とりわけ深刻な性犯罪について見ていきましょう。

　子どもを対象にレイプや性的行為の強要をする犯罪者の多くは、小児性愛障害です。ただ、なかには大人の女性を相手にできないため、思い通りに扱いやすい子どもで目的を遂げるというタイプもいます。

　また、被害者＝女子というイメージ強いのですが、実際には件数は少ないながらも男子が狙われることもあります。性別に関係なく、すべての子どもが被害者になり得るのです。

　では、犯罪者はターゲットをどのように定めているのでしょうか？

　彼らは、学校や公園など子どもが多く集まる場所で目立たないように対象を観察しています。

「数日前から、"そういうこと"ができそうな子どもを探していたんです。学校からの帰宅途中の子どもの後をつけてみたり、商店街のトイレで待ち伏せしたり。そのときは、カッターナイフやガムテープ、ロープを事前に用意していました。子どもが騒いだときのために」（リディラバジャーナル「【小児性犯罪】子どもを狙う加害者たち」より https://journal.ridilover.jp/topics/38）

　これは子どもに対する犯罪経験のある50代男性の証言です。

小児性愛障害の4タイプ

未熟型	退行型
成人との人間関係を築くのが苦手で、社会的に未熟。このタイプは子どもを"仲間"とみなしているので性行為に及ぶことは少ない。	何らかの失敗体験や自信喪失を経験したことで、子どもに興味を持つようになったタイプ。既婚者も多く、社会的な問題がないように見えるのも特徴。
搾取型	サディスト型
反社会的なパーソナリティを持ち、子どもに性的な欲求を求める。子どもを誘拐・監禁し、性行為を迫るなど、子どもの人格を考慮しない。	このタイプも反社会的な性格を有している。性的な動機のほか、傷つけたり、殺害したりする目的で子どもを狙う特徴がある。

※マサチューセッツ治療センターによる分類をもとに作成。

小児性愛障害の定義では、たとえば「最低でも6カ月間、思春期前の子どもとの性行為に関する、強烈な性的興奮を伴う空想、性的衝動、行動の繰り返し」などがあることを条件としている。

　子を持つ親ならゾッとする発言ですが、直視すべき現実なのかもしれません。

　このように、犯罪者は注意深く狙いを定めています。

　子どもが1人で遊んでいるとき、考えごとをしながら歩いているとき、友達と別れた直後、路上のものに興味をもって立ち止まっているとき……。

　目的を遂げられそうだと判断したとき、彼らは素早く対象に接近します。そして、緊急性をアピールしたり、親しみのある空気を醸し出したりして、警戒心を解いていくのです。

不審者から逃れるポイント

子どもに対する声がけ例

> お母さんが事故に遭ったから車に乗って

> テレビ局だけどインタビューに答えて

> 財布を落としたから一緒に探して

> 警察だけど聞きたいことがあるから一緒に来て

> 写真を撮りたいからモデルになって

> 具合が悪いから病院の場所を教えて

名前や学校名など個人情報を聞き出そうとするケースもある。

公共のトイレも安全ではない

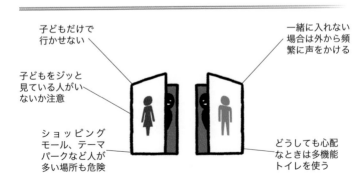

子どもだけで行かせない

一緒に入れない場合は外から頻繁に声をかける

子どもをジッと見ている人がいないか注意

ショッピングモール、テーマパークなど人が多い場所も危険

どうしても心配なときは多機能トイレを使う

不審者に遭遇したらどうすればいい?

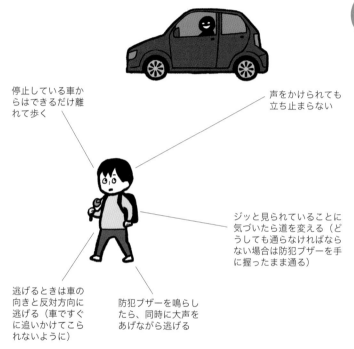

停止している車か
らはできるだけ離
れて歩く

声をかけられても
立ち止まらない

ジッと見られていることに
気づいたら道を変える(ど
うしても通らなければなら
ない場合は防犯ブザーを手
に握ったまま通る)

逃げるときは車の
向きと反対方向に
逃げる(車ですぐ
に追いかけてこら
れないように)

防犯ブザーを鳴らし
たら、同時に大声を
あげながら逃げる

車は密室になるので、連れ込まれてしまうと助けを求める声が外ま
で聞こえない。捕まったら、荷物を振り回して暴れる、荷物を手放
して逃げるなど、あらゆる手段を使って立ち去ることを教えるべき。
また、何もされなかったとしても油断は禁物。「お子さんが危ない
目に遭わなくても、おかしな人や状況を見たら親に報告することを
習慣化することが大事です。そのときは運良く襲われなかっただけ
かもしれませんし、別の被害を防げます」(前出・舟生氏)

※セコム「子どもの安全ブログ」及び同社への取材をもとに作成。

子どもはどんな場所で狙われるのか？

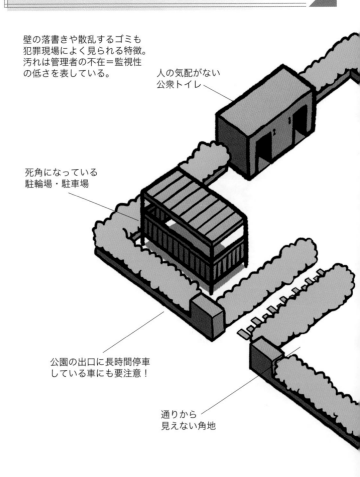

壁の落書きや散乱するゴミも
犯罪現場によく見られる特徴。
汚れは管理者の不在＝監視性
の低さを表している。

人の気配がない
公衆トイレ

死角になっている
駐輪場・駐車場

公園の出口に長時間停車
している車にも要注意！

通りから
見えない角地

外灯がない場所は夜になると
格段に危険度が増す。また、
周囲に住宅がある場所でも油
断は禁物。公園側に窓がなけ
れば危険には気づきにくい。

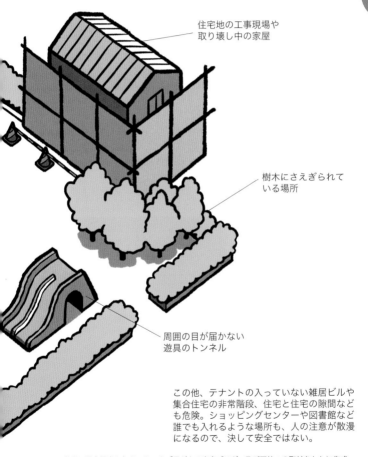

住宅地の工事現場や
取り壊し中の家屋

樹木にさえぎられて
いる場所

周囲の目が届かない
遊具のトンネル

この他、テナントの入っていない雑居ビルや
集合住宅の非常階段、住宅と住宅の隙間など
も危険。ショッピングセンターや図書館など
誰でも入れるような場所も、人の注意が散漫
になるので、決して安全ではない。

※著者の独自調査に加え、セコム「子どもの安全ブログ」及び同社への取材をもとに作成。

組織的かつ巧妙なだましの手口

被害者の圧倒的多数は高齢者

　特殊詐欺とは、親族や公共機関の職員を装って、緊急事態を演出しながら被害者に接触し、現金などをだまし取る犯罪行為のことです。いわゆる「振り込め詐欺」が有名ですが、他にもさまざまな手口があり、10種類に分類されています。

被害者は圧倒的多数が高齢者。しかも女性の被害者が群を抜いています（下記参照）。

特殊詐欺被害者の年齢・性別構成（2019年1〜12月）

	男（%）	女（%）
19歳以下	0.1	0.1
20〜29歳	0.8	1.1
30〜39歳	0.7	0.9
40〜49歳	1.1	1.6
50〜59歳	2.2	3.0
60〜69歳	4.3	8.1
70歳以上	**15.8**	**60.1**
合計	25.1	74.9

※警察庁「令和元年12月の特殊詐欺認知・検挙状況等について」をもとに作成。

　被害者に高齢者が多い理由として、相談する人がまわりにいない、判断機能が衰えている、パニックに陥りやすいという点がよく理由に挙げられます。もちろん、そうした理由もあるのですが、在宅時間が長く、電話（固定電話）を取りやすい環境

「振り込み詐欺」以外の特殊詐欺

預貯金詐欺

役所の職員を装い、「医療費の過払い金があります。こちらで手続きをするのでカードをお預かりします」と提案。キャッシュカードをだまし取る。

架空料金請求詐欺

メールやハガキなどで、利用した覚えのない架空の料金を請求。「今日中に支払わなければ裁判になる」などの文面で脅す。

金融商品詐欺

価値がない未公開株や美術品を「購入すれば必ず価値が上がる」と信じ込ませ、購入代金をだまし取る。

交際あっせん詐欺

「現金を振り込めば必ず女性に会える」と言って、申し込んできた人から会員登録費や保証金をだまし取る。

「振り込み詐欺」以外にも上記のような詐欺がある。大規模災害が起きたり、新制度がスタートしたりするときには、便乗した詐欺が横行する傾向がある。

にあることも、無視できない要因でしょう。

　実際、犯行グループの多くは、日中にコンピューターを使ってランダムに電話をかけ、どんな人が出るかを細かく調査して

います。年齢や性別、在宅の有無、そして声のトーンなどから、ターゲットを絞り込んでいくわけです。

都合のいい情報だけを信じる確証バイアス

それにしても、「振り込め詐欺」のような単純な手口になぜ簡単に引っかかってしまうのか？　そんな疑問を抱く人は多いでしょう。

原因は、被害者が「認知バイアス」の影響を受けるからです。私たちは、日常生活の中で、先入観によって自分にとって都合のいい解釈をしてしまうことがあります。客観的に見れば不合理だと思われる判断でも、本人は間違っていないと信じてしまう。その思考の偏りやゆがみが認知バイアスです。

なかでも特筆すべきなのが「確証バイアス」でしょう。

これは、あらかじめ自分が立てた仮説に合致する事例だけに目を向けて、仮説を否定・反証する事実からは目を背けてしまう傾向のこと。このバイアスに支配されると、電話でつじつまが合わないことを言われてもおかしいと気づかなくなるのです。

こうした犯罪が一向になくならないのは、特殊詐欺犯が巧妙に組織化されているからでしょう。

特殊詐欺犯は単独犯であることはまずありません。複数の人間が関与し、徹底した分業体制のもとで犯行が行われます。

首謀者以外に関与しているのは、電話をかける「かけ子」、被害者から振り込まれた現金を引き出す「出し子」、被害者に直接接触し、現金を受け取る「受け子」など。

かけ子には、息子役以外に、警察官役や弁護士役、息子の上司役が登場することもあるようです。

特殊詐欺のカラクリ

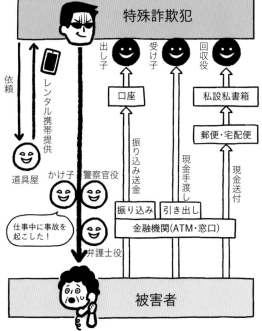

最近、増加しているのが「アポ電詐欺」。子どもや銀行員などになりすまして、ターゲットから現金の保有状況を聞き出し、面会（アポイントメント）をとりつけた上で現金をだまし取る手口。

　受け子や出し子は、Twitterなどで募集される"闇バイト"に応じてきた若者であることが多く、彼らはあくまで末端の存在に過ぎません。したがって、上層部とは関係が薄く、検挙されても全容が解明されないままになってしまうのです。

決め手はターゲットとの信頼関係

被害者の協力者として忍び寄る

特殊詐欺の実行犯は、何を考えているのか？

これは、どうすれば被害者に怪しまれないか、言い換えれば、どうすれば被害者との信頼関係をつくり出せるのかという一点に尽きるでしょう。

特殊詐欺犯が、窃盗や暴力犯と異なる点は、被害者と対決する姿勢を見せるのではなく、逆に、被害者が利益を得るための"協力者"として近づくことです。これにより、加害者は被害者との間に擬似的な信頼関係を構築します。

奇妙なことに、この信頼関係は、被害者が金銭などをだまし取られたことに気づいた後でも消えないことがあります。それだけ、被害者の心が巧妙に操作されたということでしょう。

疑いを抱かせない心理テクニック

詐欺犯が、被害者に「自分はあなたの敵ではない」と思い込ませるためには、いくつかのポイントがあります。

たとえば、個人情報。詐欺の手口は日々進化しており、初期の「振り込め詐欺」のように、いきなり電話をかけて、最初の電話だけで目的を達することは、まずありません。

彼らは被害者に何度も電話をかけて、そのたびに被害者が無意識に提供した個人情報を記録しておきます。そして、「本番」

被害者がだまされるプロセス

> ○○だけど、会社の車で事故を起こしちゃった！

緊急性を演出して不安を煽る

> 息子さんの弁護士です

専門性のある権威者の登場

> 今日中に 50 万円払わないと大変なことになる……

期限を設定して焦らせる

> 弁護士の先生の言う通りにして！

全面的に信頼させる

でその情報を使い、ストーリーが真実だと思い込ませるのです。

さらに重要なのは、加害者の専門性。

加害者が電話口で権威のある肩書や専門知識を口にすることによって、被害者は疑いを持たなくなってしまうのです。

警察官、弁護士、役所の職員、社会保険庁の職員、消費者センターの職員……。詐欺犯が騙る職業はさまざまです。

また、電話でのやり取りの中で複数のプレーヤーが登場することがあり、これも被害者を信じ込ませる一因となっています。

一瞬、「変だな」という疑念がよぎっても、「いくら何でも、こんなに手の込んだことはしないだろう」と思ってしまう。

これがまさに「確証バイアス」なのです。

特殊詐欺犯にだまされないポイント

詐欺犯が嫌がる会話

もしもし、○○県警捜査２課の××と申します

ちどちらの警察ですか？ えっ？もう一度言ってください

だから、○○県警の……実は逮捕した犯人があなたの個人情報を……

ちょっと待って。話がよくわからないので家族に確認します。連絡先を教えてください

（めんどくせえなあ）時間がないんですよ

すぐに折り返しますから番号を……

（ダメだ）ガチャン！

※愛知県警防犯広報紙
（2018.6）より。

「振り込め詐欺被害防止コールセンター」のオペレーターに特殊詐欺犯に扮して電話をかけてもらった。その結果、「質問で返す」「話をさえぎる」「すぐに電話を切ろうとする」などの話し方がだましにくいと感じることがわかった。

特殊詐欺犯がよくつく4つの嘘

（警察ですが）カードの暗証番号を教えてください。

×　警察、銀行協会の職員はキャッシュカードの暗証番号を聞かない。

レターパック（宅配便）で現金を送ってください。

×　すべて詐欺（現金を封入するのは法律違反）。

還付金を ATM で返還します。

×　返還金は ATM で受け取れない。

携帯電話の番号が変わった。

**×　ずっと使っていた電話番号は簡単に変更されない。
　　いったん切って前の電話にかけてみる。**

詐欺犯を撃退してくれる電話機

迷惑電話対策機能付き電話には便利な機能が搭載されている。

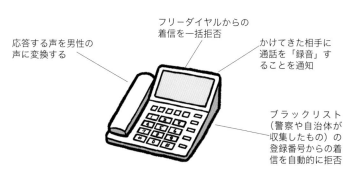

応答する声を男性の声に変換する

フリーダイヤルからの着信を一括拒否

かけてきた相手に通話を「録音」することを通知

ブラックリスト（警察や自治体が収集したもの）の登録番号からの着信を自動的に拒否

※メーカーや機種によって機能の内容は異なる。

ハウス・ジャック・ビルト

ラース・フォン・トリアー監督／2018 年／デンマーク・フランス・ドイツ・スウェーデン

シリアルキラーによる12年の犯罪遍歴

◆建築家志望の青年はなぜ殺人を重ねたか

すでに述べたように、長期間にわたって無差別に人を殺害していく連続殺人犯のことを「シリアルキラー」と呼びます。

アメリカで 13 年間に 17 人を殺害したジェフリー・ダーマーや、同じく 30 人以上を殺害したテッド・バンディなどは、典型的なシリアルキラーといっていいでしょう。

そうしたシリアルキラーの犯罪歴を描いた作品が、本項で紹介する「ハウス・ジャック・ビルト」。ショッキングな内容のため、カンヌ映画祭での上映でも途中退席者が続出したという問題作です。

物語の舞台は、1970 年代のアメリカ・ワシントン州。

建築家志望の若者ジャック（マット・ディロン）は、車が故障して路上で立ち往生している女性（ユマ・サーマン）を助けます。ところが、自分の車に同乗させて送ろうとするうちに、その身勝手な態度に腹を立てた彼は、衝動的に彼女を殺害、その死体を冷凍室に隠します。

これがジャックの 12 年にわたる殺人の始まりでした。

　その後も彼は、女性や子どもを含め、多数の人々をまるでゲームのように殺し、死体の写真を新聞社に送りつけるという異常行動を繰り返していきます。

　しかし、そんなジャックにも捜査の手が伸び、彼は徐々に警察に追い詰められていくのです。

『ハウス・ジャック・ビルト』

価格：DVD 4,200円（税別）/
Blu-ray 5,200円（税別）発売中
発売・販売元：ポニーキャニオン

◆実際の事件の手口をリアルに描写

　この映画は、殺害の手口として過去に起きた複数のシリアルキラーの犯行を再現しています。

コラム
映画と犯罪④

　たとえば、物語の中で逃げる被害者を、まるで「狩り」を楽しむかのように射殺する描写がありますが、これはアメリカのアラスカ州で起きた「アンカレッジ連続殺人事件」にヒントを得たのではないかと考えられます。

　1971〜1983年にかけて、アラスカ州のアンカレッジで少なくとも17人以上の女性が殺される事件が起きました。

　犯人のロバート・ハンセンは、別荘に連れ込んだ女性に暴行し、その後、わざと逃がしてから狩猟用ライフルで射殺するという凶行を繰り返したのです。映画でも、よく似た手口の犯行シーンが描かれています。

　このように、ジャックの殺害方法は実際の事件が参考にされているわけですが、犯罪心理学的な観点から見ると、やや現実感に欠けるといわざるを得ません。

　なぜなら、本来、1人の犯罪者の犯行にはその動機や手口に一貫性があるはずで、事件ごとにそれらが異なるということは考えにくいからです。

　とはいえ、本作の殺人のディテールはリアリティに満ちています。また、女性や子どもをためらいなく殺していく様子は、シリアルキラーの生々しい人間像に迫っているといっていいでしょう。

おわりに

　殺人に関する簡単な調査を行ったことがあります。
「なぜ、あなたは人を殺さないのか、その理由を思いつくまま、
3つ書いてください」という調査です。
　回答者は、236名（男性156名、女性80名）でした。
　多変量解析という統計分析を用いて、回答内容をグループに
分けてみました。すると、結果は……

・「社会的な地位を維持したいから殺さない」群
・「殺人以外の解決方法があるから殺さない」群
・「残虐だから殺さない」群
・「そもそも殺す動機がないから殺さない」群

　以上4つに分かれました。
　この分析結果から1つの仮説が出てきました。
　すなわち、人は「維持する社会的地位がなく、問題解決の方
法が殺人しかなく、残虐だと感じず、動機があれば人を殺す」
というものです。
　昨今、発生している理解しがたい殺人動機は、実は私たちの
考えの裏側にあるものなのだということを、この仮説は表して
いるよう思えます。みなさんは、どう思われるでしょうか？

　最後に、本書を完成させるにあたりお力添えいただいたSB
ビジュアル新書編集部の木田秀和さん、編集協力の大畠利恵さ
ん、イラストレーターのたきれいさんに深く感謝いたします。

参考文献

■書籍・論文

『心理捜査官 ロンドン殺人ファイル』 デヴィッド カンター (著)、吉田利子 (訳) 草思社

『数学で犯罪を解決する』 キース・デブリン他 (著)、山形浩生、守岡桜 (訳) ダイヤモンド社

『Progress & Application 犯罪心理学』 越智啓太 サイエンス社

『テキスト 司法・犯罪心理学』 越智啓太、桐生 正幸 (編) 北大路書房

『犯罪分析ステップ 60』 ロナルド・V. クラーク、ジョン・E. エック (著)、守山 正 (監訳) 成文堂

『犯罪心理学—捜査と防犯』 桐生正幸 現代図書

『プロファイリングとは何か』 田村雅幸 (監修)、高村 茂、桐生 正幸 (編) 立花書房

『基礎から学ぶ 犯罪心理学研究法』 桐生正幸 福村出版

『現代の犯罪』 作田 明、福島 章 (編) 新書館

『犯罪者プロファイリング入門』 渡邊和美、桐生正幸、高村 茂 (編著) 北大路書房

『犯罪者プロファイリングは犯人をどう追いつめるか』 桐生正幸 KAWADE 夢新書

『犯罪心理学入門』 福島 章 中公新書

『なぜ人は騙されるのか』 岡本真一郎 中公新書

『日本の殺人』 河合幹雄 ちくま新書

『入門 犯罪心理学』 原田隆之 ちくま新書

『犯罪分析ステップ 60』ロナルド・クラーク、ジョン・エック (著)、守山 正 (監訳) ほか 成文堂

「週刊マーダーケースブック（No.1 シャロン・テート殺人事件)」 省心書房

「子供に対する性犯罪に関する研究の現状と展開（1） 発生状況と犯人の特性」 越智啓太 法政大学文学部紀要

「学校教員による性的逸脱行動の分析」 桐生正幸 東洋大学社会学部紀要紀要

「犯罪者プロファイリングはホームズの叡智を獲得したのか？」桐生正幸 心理学評論

「日本におけるポリグラフ検査の変遷：犯罪事実の記憶，隠蔽の意図 」桐生正幸 行動科学

「虚偽検出検査における眼球運動の非接触的測定」 谷口泰富、小野洋平 心理学研究

法務省「犯罪白書」 令和元年版

■ウェブサイト
「BIOGRAPHY」 Jeffrey Dahmer
https://www.biography.com/crime-figure/jeffrey-dahmer
「BIOGRAPHY」 Graham Young
https://www.biography.com/crime-figure/graham-young

「Encyclopaedia Britannica」 Jim Jones
https://www.britannica.com/biography/Jim-Jones
「カルト被害を考える会」 西田公昭講演記録
http://www.asahi-net.or.jp/~AM6K-KZHR/nisida.htm
「マインド・コントロールとは」
https://www.caa.go.jp/future/project/project_001/pdf/
project_001_180529_0003.pdf
「グローバルノート」 世界の殺人発生率 国別ランキング・推移
https://www.globalnote.jp/post-1697.html
「BUSINESS INSIDER JAPAN」娯楽設備、デザイナーズ建築、麻薬取引……
刑務所とは思えない、世界の刑務所
https://www.businessinsider.jp/post-106824
「法務省」 性犯罪再犯防止指導
http://www.moj.go.jp/content/001224612
「刑事事件 弁護士相談広場」 被疑者取調べのルール
https://www.keijihiroba.com/10min/interrogation-room.html
「JAPAN Forbes」 AI を活用した「犯罪予測・治安対策」最前線
https://forbesjapan.com/articles/detail/20406

■その他
東京都「高齢者による万引きに関する報告書（2017）」
毎日新聞「絶てるか性犯罪の連鎖 受刑者指導 伸び悩む効果（2019 年 3 月
3 日）」
日経新聞「刑務所出ても 4 割再入所 犯罪白書 5 年以内、生活苦で 高齢者
の対策急務（2016 年 11 月 11 日）」

相談窓口一覧

緊急の事件・事故

110

事件・事故に巻き込まれたときには速やかに通報する。

警察相談専用電話

＃9110

緊急ではないが、警察に相談したいことがあるときに対応してくれる。電話をかけたエリアを管轄する警察本部につながる。

公益社団法人　全国被害者支援ネットワーク

https://www.nnvs.org

全国47都道府県に設置された民間被害者支援団体が加盟する犯罪被害者支援のためのネットワーク。

犯罪被害者等電話相談

0570-783-554

相談者が住む地域に設置された被害者支援センターにつながる。受付時間は7時半から22時まで。

性犯罪被害者相談電話

#8103

相談者が住んでいる地域の警察本部内に設置された電話窓口につながる。対応時間は都道県によって異なる。

24 時間子供 SOS ダイヤル

0120-0-78310

子どもを対象とした緊急ダイヤル。24 時間対応。休日も対応する。原則として、電話をかけたエリアの教育委員会の相談機関につながる。

女性の人権ホットライン

0570-070-810

配偶者やパートナーからの暴力、職場でのいじめやセクハラ、パワハラ、ストーカー被害など、女性のさまざまな問題について相談にのってくれる。受付は平日の 8 時 30 分から 17 時 15 分まで。最寄りの法務局・地方法務局につながる。

法務少年支援センター

0570-085-085

少年鑑別所内にある相談所。心理学などの専門知識を有する職員が子どもとの接し方について相談にのる。

ワールドオープンハート（加害者家族支援団体）

090-5831-0810

加害者家族を支援することで、加害者が出所した後の再犯防止や加害者の子どもの支援などを目指す。

※電話番号は全国共通。また、各都道府県では、ここで挙げたもの以外にも相談窓口を独自に設置している場合がある。

著

桐生正幸 （きりう・まさゆき）

東洋大学社会学部社会心理学科教授
日本犯罪心理学会常任理事
日本心理学会代議員など
山形県出身。文教大学人間科学部人間科学科心理学専修。博士（学術）。山形県警の科学捜査研究所（科捜研）で主任研究官として犯罪者プロファイリングに携わる。その後、関西国際大学教授、同大防犯・防災研究所長を経て、現職。科捜研時代には、ほぼ全罪種の犯罪現場に立ち会った。現在も、その豊富な経験を活かして、実際の捜査に協力することもある。また、兵庫県尼崎市の地域防犯アドバイザーなどを務めながら、「人を犯罪に走らせる要因」を総合的に検討し、データ分析を駆使した実践的な犯罪心理学の研究を行っている。新聞、ワイドショーや報道番組での事件解説、テレビドラマ・映画の監修など、さまざまな分野で活躍中。主な著者に『司法・犯罪心理学』（北大路書房　編著）、『基礎から学ぶ犯罪心理学研究法』（福村出版）などがある。

論文などの閲覧　　https://researchmap.jp/40434964（reseachmap）

イラスト

たきれい

新潟県出身。出産・育児を機にイラストレーターに転身。教育に役立つイラストに興味を持ち活動中。形は「きのこの山」のほうが好きだけど味は「たけのこの里」のほうが好き。
著書に『性の絵本』（アルテクリエイト有限会社）、『保育園児くもくんの連絡帳』（KADOKAWA）など。

たきれいのホームページ
https://okomemories.jimdofree.com

SBビジュアル新書 0018

悪いヤツらは何を考えているのか
ゼロからわかる犯罪心理学入門

2020年7月15日　初版第1刷発行

著　　者　　桐生正幸

発 行 者　　小川　淳
発 行 所　　SBクリエイティブ株式会社
　　　　　　〒106-0032東京都港区六本木2-4-5
　　　　　　営業03(5549)1201

装　　幀　　bookwall
編　　集　　木田秀和
編集協力　　大畠利恵
印刷・製本　株式会社シナノ パブリッシング プレス

本書をお読みになったご意見・ご感想を下記URL、QRコードよりお寄せください。
https://isbn2.sbcr.jp/04448/

知れば納得！「日本人」のこころ

日本文化ビジュアル解体新書

山本素子　著

本体価格1000円＋税

「お月見にススキを飾るのはどうして？」「如来と菩薩はどう違うの？」「尺八を吹いている虚無僧の正体は？」などなど……。今まで知らなかった＆今さら聞けない日本のことが、貴重な写真とイラストでまるわかり。いざ出発、日本《再発見》の旅へ！

経営・起業の基礎知識がすごろくでわかる！

すごろく経営学

平野敦士 カール（監修）
北構まゆ（イラスト）

本体価格1000円＋税

「経営学の本は難しい」「書かれていることが断片的で、つながりがわからない」 そんなふうに思った人も多いのでは？　本書は"すごろく"形式で、起業、法人化、上場などの経営トピックが学べる、画期的な1冊。すべてのビジネスパーソン、必読！

ヒトの体、骨から動物にしてみました。

カメの甲羅はあばら骨
～人体で表す動物図鑑～

川崎悟司　著

本体価格 1000 円＋税

図鑑や動物園の解説でなんとなく知ってはいるけど、いまいちピンと
こない動物の体のしくみ。そんな動物の体の構造を、私たちヒトのか
らだを無理やり変形させることで、わかりやすくしてみました。生き
物たちの骨格・構造が直感的によくわかる、「体感型」動物図鑑です！

ルウに溶け込んだ人類の歴史

カレーの世界史

井上岳久　著

本体価格 1000 円＋税

日本の「国民食」といえば、カレー。この不思議な食べ物は、どのような経緯で日本にたどり着いたのでしょうか？　インド社会とカレー、世界史の中のカレー、世界各国のカレー事情、そして日本人とカレーの歴史など、さまざまな角度から人気料理の謎に迫った1冊。